Einstern

leicht gemacht

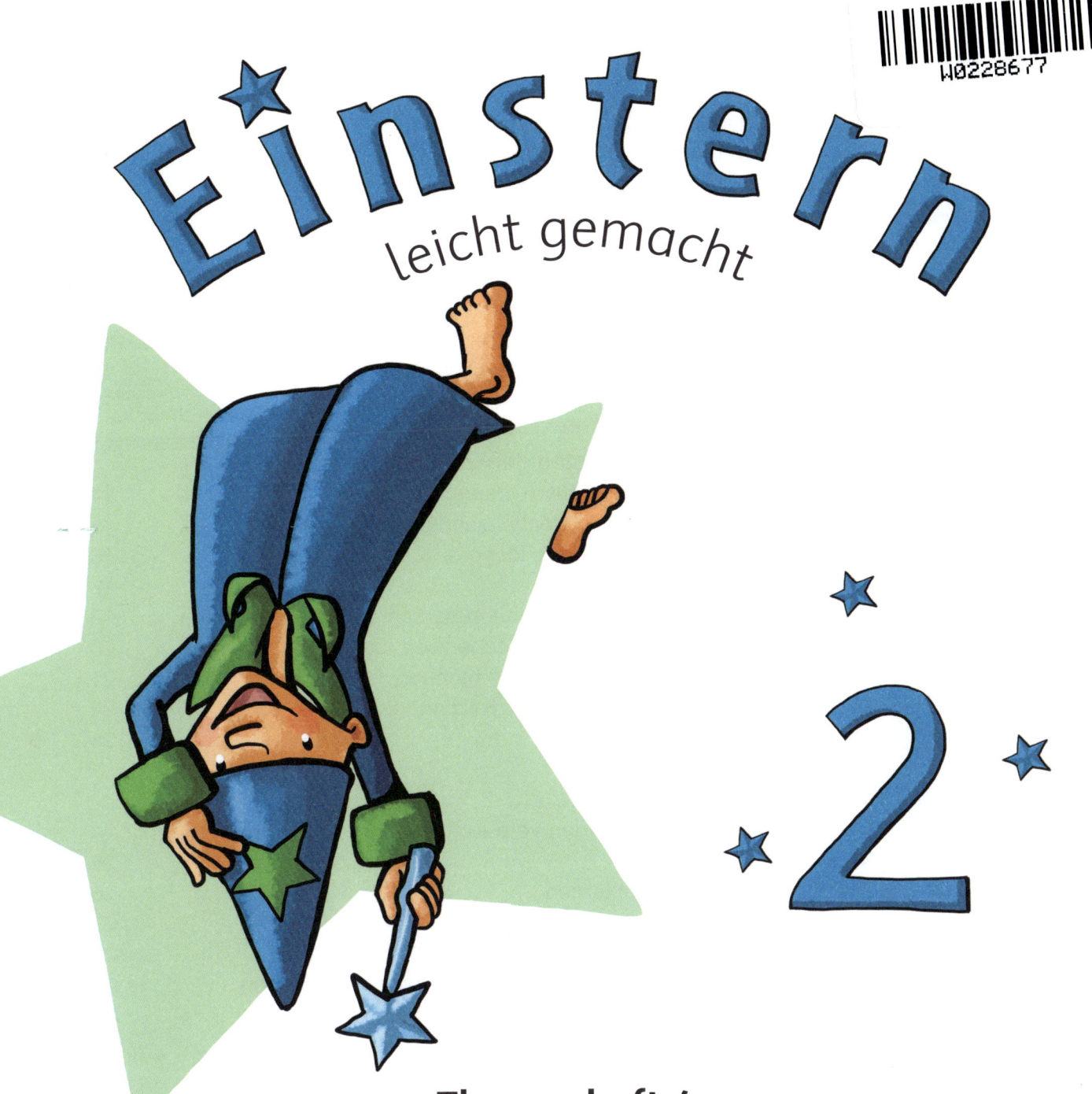

2

Themenheft 4

- ★ Addition und Subtraktion ★ Längen
- ★ Sachaufgaben Teil 4 ★ Geld
- ★ Kombinatorik und Wahrscheinlichkeit

Erarbeitet von Roland Bauer und Jutta Maurach

In Zusammenarbeit mit der Redaktion Mathematik Grundschule

Cornelsen

Inhaltsverzeichnis

✋ 1 Suche dir ein anderes Kind.
Legt Plusaufgaben mit Zehnerzahlen und zeichnet Rechenbilder.

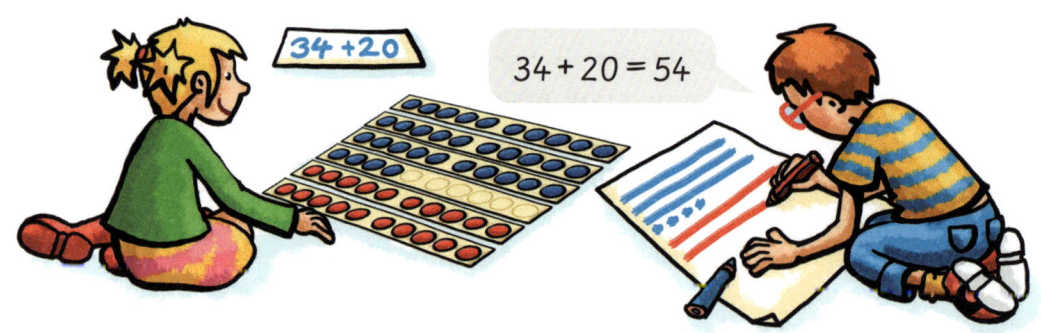

34 + 20

34 + 20 = 54

2 Löse die Aufgaben.
Rechne zuerst mit Zehnerzahlen.

Das ist ja ganz einfach.

a) 20 + 30 = 50
  27 + 30 = 57

b) ☐ + ☐ = ☐
  52 + 20 = ☐

c) ☐ + ☐ = ☐
  45 + 50 = ☐

d) ☐ + ☐ = ☐
  20 + 37 = ☐

e) ☐ + ☐ = ☐
  40 + 32 = ☐

f) ☐ + ☐ = ☐
  50 + 26 = ☐

3 Löse die Aufgaben.

a) 35 + 30 = ☐
  24 + 60 = ☐
  38 + 40 = ☐

b) 80 + 14 = ☐
  50 + 33 = ☐
  30 + 18 = ☐

4 Ergänze die passenden Zahlen.

a) 32 + 20 = 52
  49 + ☐ = 89
  24 + ☐ = 54

b) ☐ + 31 = 71
  ☐ + 54 = 84
  ☐ + 25 = 55

B   📖 ÜH 45

★ Plusaufgaben mit Zehnerzahlen handelnd und mithilfe von Rechenbildern lösen
★ Plusaufgaben mit Zehnerzahlen lösen
★ Zehnerzahlen in Plusaufgaben ergänzen

1 Suche dir ein anderes Kind.
Legt die Plusaufgaben wie Lea und Tim.

25 + 32

51 + 18

32 + 55

Ich lege zuerst die Zehner dazu, dann die Einer.

Ich lege zuerst die Einer dazu, dann die Zehner.

25 + 32

2 Rechne wie Lea.
Schreibe die Rechenschritte auf.

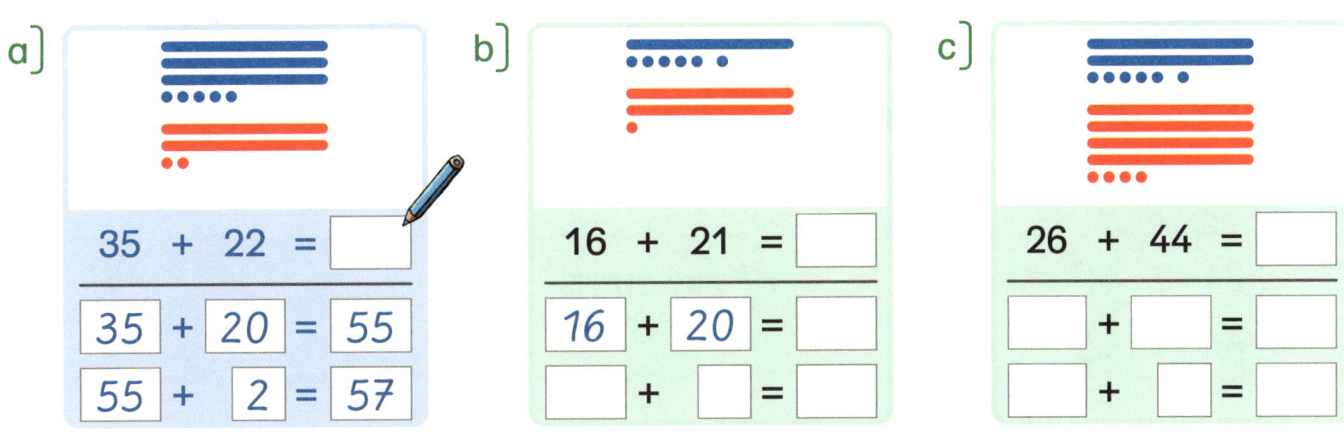

a)
35 + 22 =

35 + 20 = 55
55 + 2 = 57

b)
16 + 21 =

16 + 20 =
___ + ___ =

c)
26 + 44 =

___ + ___ =
___ + ___ =

3 Rechne wie Tim.
Schreibe die Rechenschritte auf.

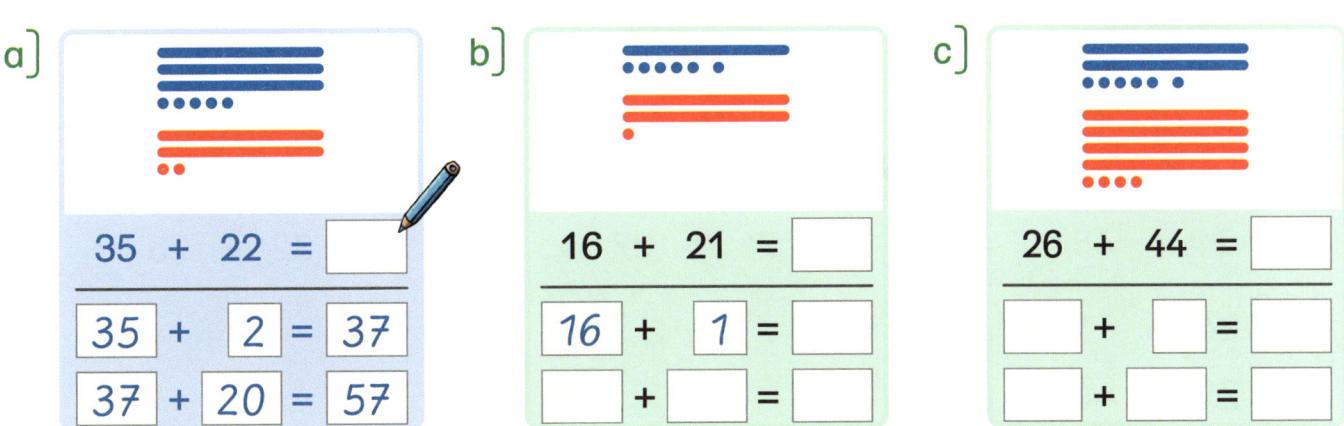

a)
35 + 22 =

35 + 2 = 37
37 + 20 = 57

b)
16 + 21 =

16 + 1 =
___ + ___ =

c)
26 + 44 =

___ + ___ =
___ + ___ =

★ beim handelnden Lösen von Plusaufgaben mit zweistelligen Zahlen unterschiedliche
Vorgehensweisen erproben ★ bei bildlich dargestellten Plusaufgaben mit zweistelligen
Zahlen zwei unterschiedliche Rechenschritte anwenden und notieren

B 5

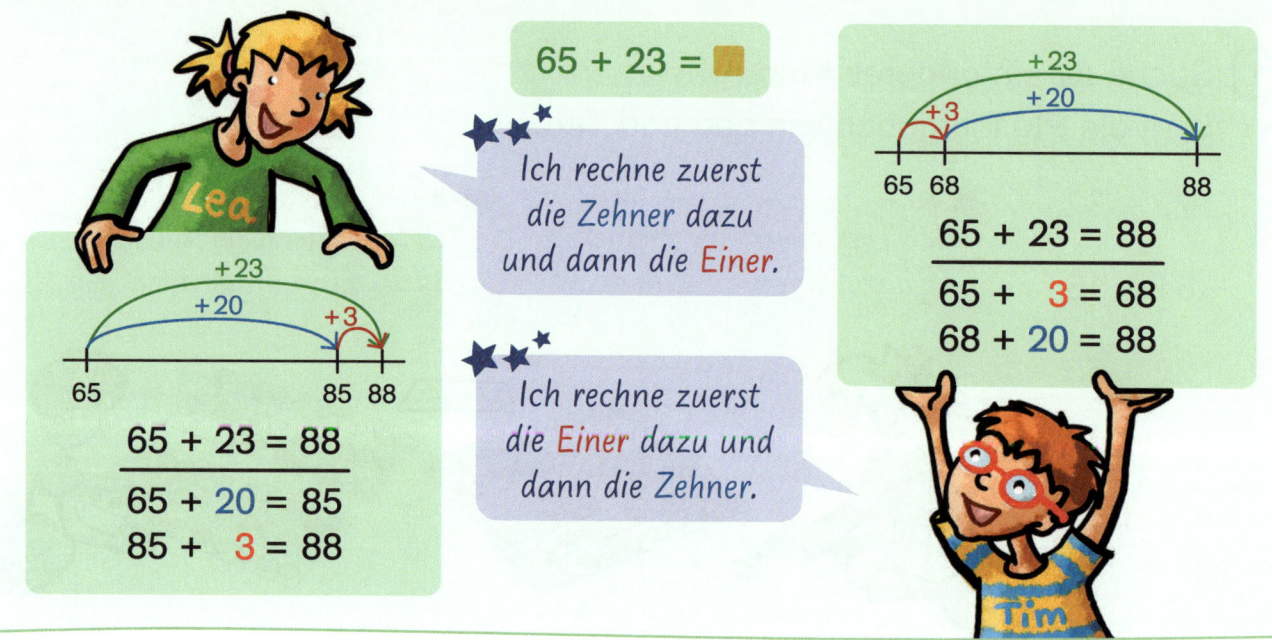

$$65 + 23 = \blacksquare$$

Lea: Ich rechne zuerst die Zehner dazu und dann die Einer.

$$65 + 23 = 88$$
$$65 + 20 = 85$$
$$85 + \ 3 = 88$$

Tim: Ich rechne zuerst die Einer dazu und dann die Zehner.

$$65 + 23 = 88$$
$$65 + \ 3 = 68$$
$$68 + 20 = 88$$

1 Rechne wie Lea.

Lies die Rechenschritte am Rechenstrich ab.

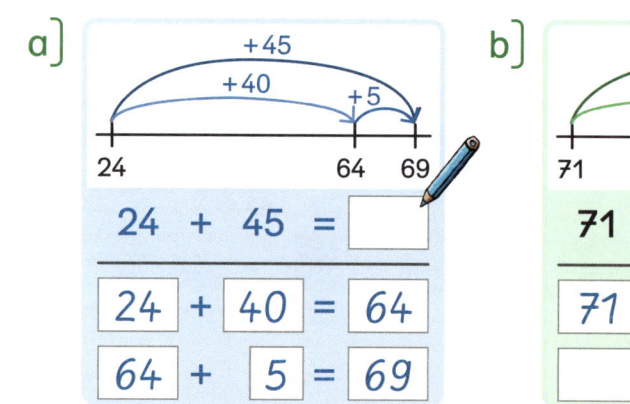

a)
$$24 + 45 = \boxed{}$$
$$24 + \boxed{40} = \boxed{64}$$
$$\boxed{64} + \boxed{5} = \boxed{69}$$

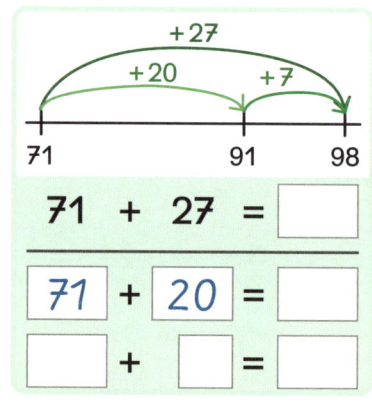

b)
$$71 + 27 = \boxed{}$$
$$\boxed{71} + \boxed{20} = \boxed{}$$
$$\boxed{} + \boxed{} = \boxed{}$$

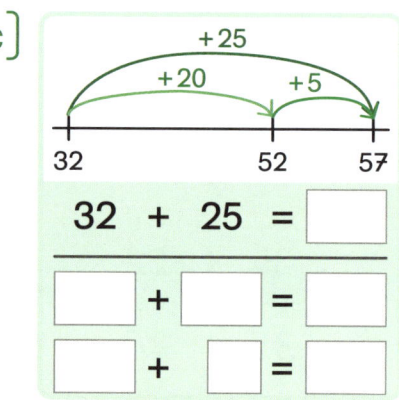

c)
$$32 + 25 = \boxed{}$$
$$\boxed{} + \boxed{} = \boxed{}$$
$$\boxed{} + \boxed{} = \boxed{}$$

2 Rechne wie Tim.

Lies die Rechenschritte am Rechenstrich ab.

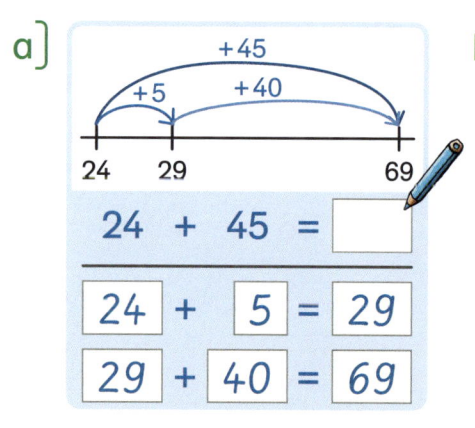

a)
$$24 + 45 = \boxed{}$$
$$24 + \boxed{5} = \boxed{29}$$
$$\boxed{29} + \boxed{40} = \boxed{69}$$

b)
$$71 + 27 = \boxed{}$$
$$\boxed{71} + \boxed{7} = \boxed{}$$
$$\boxed{} + \boxed{} = \boxed{}$$

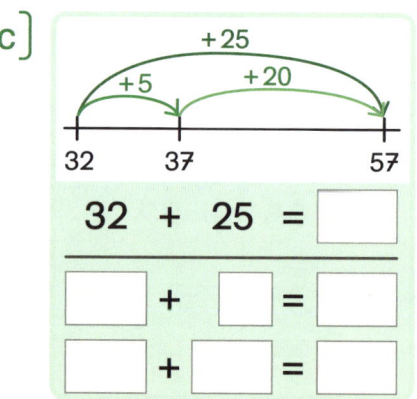

c)
$$32 + 25 = \boxed{}$$
$$\boxed{} + \boxed{} = \boxed{}$$
$$\boxed{} + \boxed{} = \boxed{}$$

★ Rechenschritte bei Plusaufgaben mit zweistelligen Zahlen am Rechenstrich ablesen und notieren

Wie rechnest du?

3 Löse die Aufgaben.
Schreibe deine Rechenschritte auf.

a) 43 + 55 = ▢

43 + ▢ = ▢

▢ + ▢ = ▢

b) 57 + 32 = ▢

▢ + ▢ = ▢

▢ + ▢ = ▢

c) 25 + 73 = ▢

▢ + ▢ = ▢

▢ + ▢ = ▢

d) 31 + 28 = ▢

▢ + ▢ = ▢

▢ + ▢ = ▢

e) 14 + 35 = ▢

▢ + ▢ = ▢

▢ + ▢ = ▢

f) 45 + 25 = ▢

▢ + ▢ = ▢

▢ + ▢ = ▢

4 Löse die Aufgaben.
Stelle deine Rechenschritte am Rechenstrich dar.

a)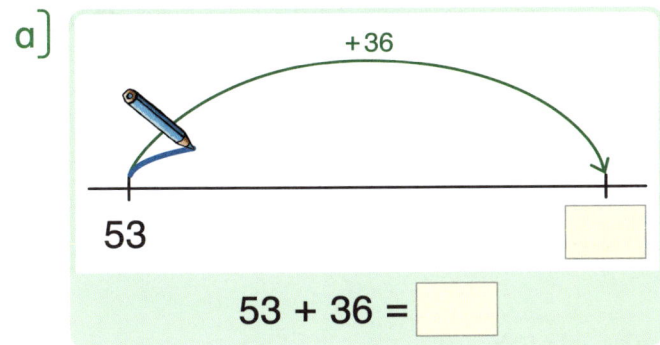

+36

53

53 + 36 = ▢

b)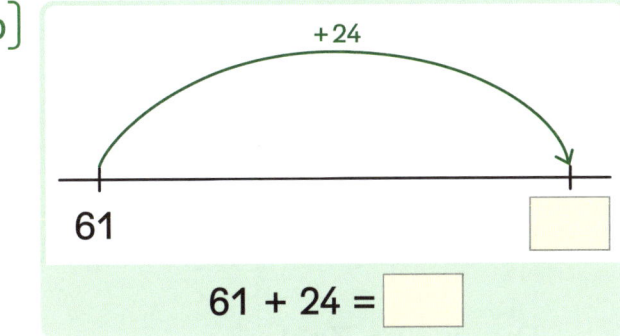

+24

61

61 + 24 = ▢

c)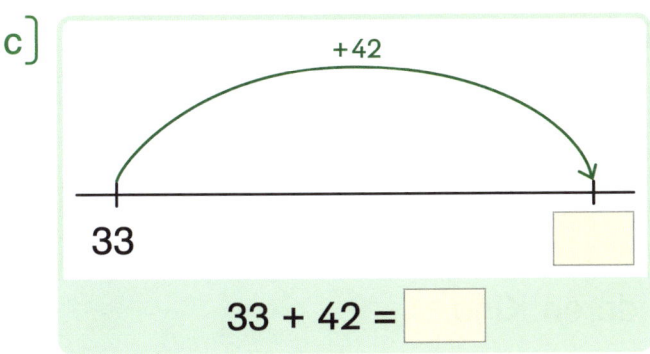

+42

33

33 + 42 = ▢

d)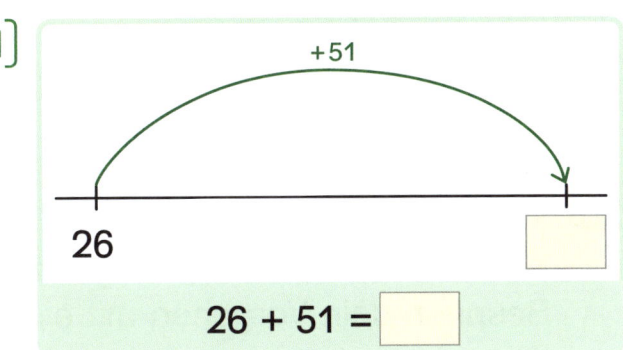

+51

26

26 + 51 = ▢

1 Löse die Aufgaben.
Rechne mit deinen Rechenschritten im Kopf.
Kontrolliere die Ergebnisse.
Die Lösungszahlen findest du in den Sternen.

a) 61 + 28 = 89

34 + 35 = ☐

56 + 41 = ☐

b) 42 + 23 = ☐

71 + 17 = ☐

25 + 52 = ☐

c) 56 + 31 = ☐

34 + 22 = ☐

62 + 16 = ☐

56   65   69   77   78   87   88   89   97

2 Löse die Aufgaben.
Setze die Aufgabenreihen fort.

a)
27 + 41 = ☐
26 + 42 = ☐
25 + 43 = ☐
☐ + ☐ = ☐
☐ + ☐ = ☐

b)
55 + 31 = ☐
54 + 32 = ☐
53 + 33 = ☐
☐ + ☐ = ☐
☐ + ☐ = ☐

Ich sehe ein Muster.

c) Beschreibe, wie sich die Zahlen bei **a)** und **b)** verändern.
Verbinde dazu die Satzteile.

Die erste Zahl …   … wird um 1 größer.

Die zweite Zahl …   … bleibt gleich.

Das Ergebnis …   … wird um 1 kleiner.

3 Bilde mit diesen Ziffernkärtchen   **1** **2** **3** **5**
vier verschiedene Plusaufgaben.
Besprich dein Vorgehen mit einem anderen Kind.

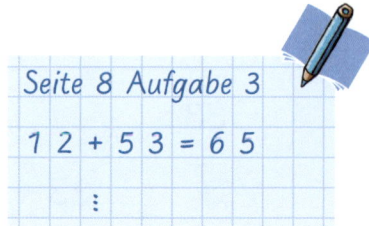

Seite 8 Aufgabe 3
1 2 + 5 3 = 6 5
⋮

★ Plusaufgaben in zwei Schritten im Kopf lösen und kontrollieren
★ MK: Aufgabenreihen lösen und fortsetzen, SF: Muster beschreiben
★ aus vorgegebenen Ziffernkärtchen selbst Aufgaben bilden, SF: Vorgehen beschreiben

1 Löse die Aufgaben.

a)
$8 + 5 = \boxed{13}$

$6 + 4 = \boxed{}$

$7 + 8 = \boxed{}$

$6 + 6 = \boxed{}$

b)
$9 + 5 = \boxed{}$

$4 + 7 = \boxed{}$

$8 + 4 = \boxed{}$

$9 + 9 = \boxed{}$

Das kannst du schon.

2 Finde und löse zuerst die kleine Aufgabe.
Löse dann die Aufgabe.

a)
$\boxed{6} + \boxed{7} = \boxed{13}$

$36 + 7 = \boxed{43}$

b)
$\boxed{} + \boxed{} = \boxed{}$

$45 + 8 = \boxed{}$

c)
$\boxed{} + \boxed{} = \boxed{}$

$87 + 5 = \boxed{}$

d)
$\boxed{} + \boxed{} = \boxed{}$

$86 + 6 = \boxed{}$

e)
$\boxed{} + \boxed{} = \boxed{}$

$74 + 7 = \boxed{}$

f)
$\boxed{} + \boxed{} = \boxed{}$

$45 + 6 = \boxed{}$

3 Rechne die Aufgabe in Schritten.
Rechne zuerst zum Zehner.

a)
$67 + 8 = \boxed{}$
_____
$\boxed{67} + \boxed{3} = \boxed{}$

$\boxed{} + \boxed{} = \boxed{}$

b)
$38 + 4 = \boxed{}$
_____
$\boxed{} + \boxed{} = \boxed{}$

$\boxed{} + \boxed{} = \boxed{}$

c)
$56 + 6 = \boxed{}$
_____
$\boxed{} + \boxed{} = \boxed{}$

$\boxed{} + \boxed{} = \boxed{}$

4 Löse die Aufgaben.
Rechne mit deinen Rechenschritten im Kopf.
Kontrolliere die Ergebnisse.
Die Lösungszahlen findest du in den Sternen.

a) $47 + 7 = \boxed{}$

b) $78 + 7 = \boxed{}$

c) $83 + 9 = \boxed{}$

d) $65 + 8 = \boxed{}$

e) $55 + 6 = \boxed{}$

f) $79 + 3 = \boxed{}$

54   61   73   82   85   92

★ Plusaufgaben mit Zehnerüberschreitung im Zahlenraum bis 20 wiederholen
★ Plusaufgaben mit Einern und Zehnerüberschreitung im Zahlenraum bis 100 wiederholen

9

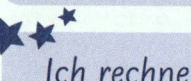

$24 + 37 = \blacksquare$

Ich rechne zuerst die **Zehner** dazu und dann die **Einer**.

Ich rechne zuerst die **Einer** dazu und dann die **Zehner**.

$24 + 37 = 61$

$24 + 30 = 54$

$54 + 7 = 61$

$24 + 37 = 61$

$24 + 7 = 31$

$31 + 30 = 61$

---

 1 Löse die Aufgabe $24 + 37$.

Rechnest du wie Lea oder wie Tim?

Vergleiche mit anderen Kindern.

2 Löse die Aufgaben. Schreibe deine Rechenschritte auf.

a) $56 + 18 = \boxed{}$

$\boxed{} + \boxed{} = \boxed{}$

$\boxed{} + \boxed{} = \boxed{}$

b) $47 + 36 = \boxed{}$

$\boxed{} + \boxed{} = \boxed{}$

$\boxed{} + \boxed{} = \boxed{}$

3 Löse die Aufgaben. Stelle deine Rechenschritte am Rechenstrich dar.

a)
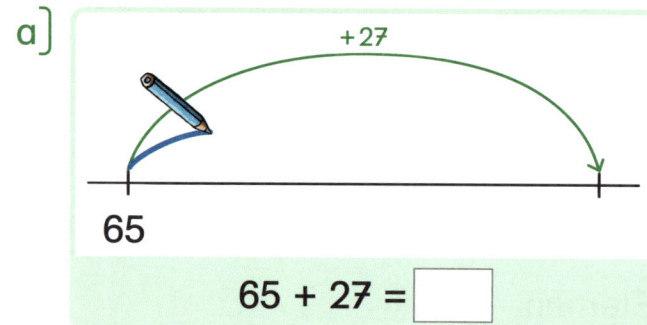

$65 + 27 = \boxed{}$

b)
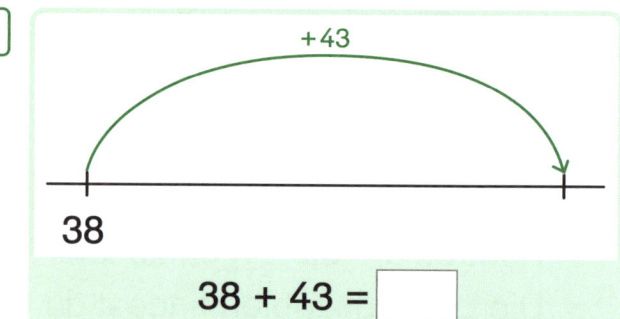

$38 + 43 = \boxed{}$

4 Löse die Aufgaben im Heft.

Schreibe deine Rechenschritte auf oder stelle sie am Rechenstrich dar.

a) $39 + 52 = \blacksquare$

b) $36 + 48 = \blacksquare$

c) $53 + 19 = \blacksquare$

d) $55 + 16 = \blacksquare$

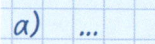

Seite 10 Aufgabe 4

a) ...

★ **SF:** dargestellte Rechenschritte bei Plusaufgaben mit zweistelligen Zahlen und Zehner-überschreitung nachvollziehen, beschreiben und vergleichen ★ den eigenen Rechenweg beim Lösen von Aufgaben anwenden, notieren bzw. am Rechenstrich zeichnen

1 Lies die Rechenschritte von Mai-Lin am Rechenstrich ab.

a]

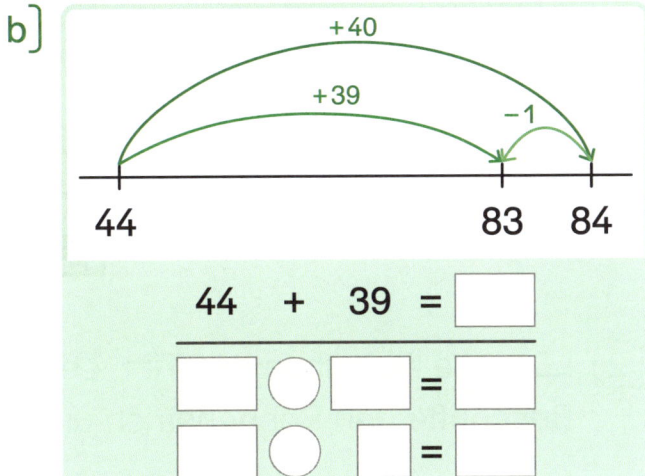

$16 + 29 = \boxed{}$

$16 \boxed{+} 30 = \boxed{}$

$\boxed{} \bigcirc \boxed{} = \boxed{}$

b]

+40

+39

−1

44   83   84

$44 + 39 = \boxed{}$

$\boxed{} \bigcirc \boxed{} = \boxed{}$

$\boxed{} \bigcirc \boxed{} = \boxed{}$

2 Stelle die Rechenschritte von Mai-Lin am Rechenstrich dar.
Schreibe die Rechenschritte auf.

a]

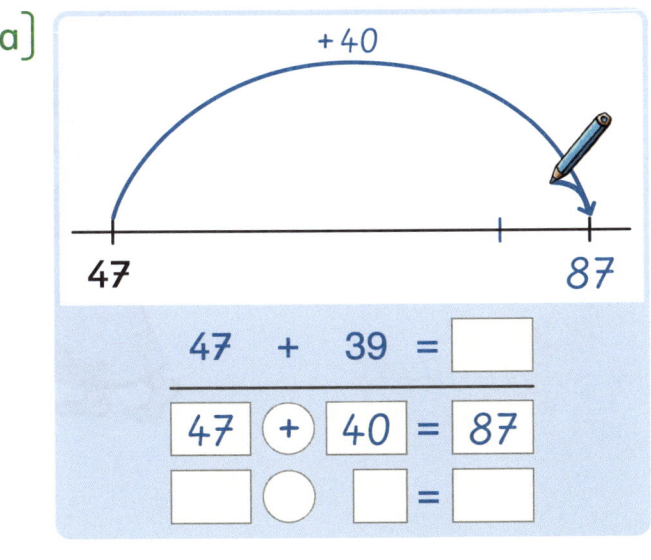

$47 + 39 = \boxed{}$

$47 \boxed{+} 40 = \boxed{87}$

$\boxed{} \bigcirc \boxed{} = \boxed{}$

b]

73

$73 + 19 = \boxed{}$

$\boxed{} \bigcirc \boxed{} = \boxed{}$

$\boxed{} \bigcirc \boxed{} = \boxed{}$

★ vorteilhafte Rechenschritte bei Plusaufgaben mit Zahlen mit 9 Einern
nachvollziehen und anwenden, am Rechenstrich einzeichnen und notieren

ÜH 48   **11**

1 Ordne passend zu.

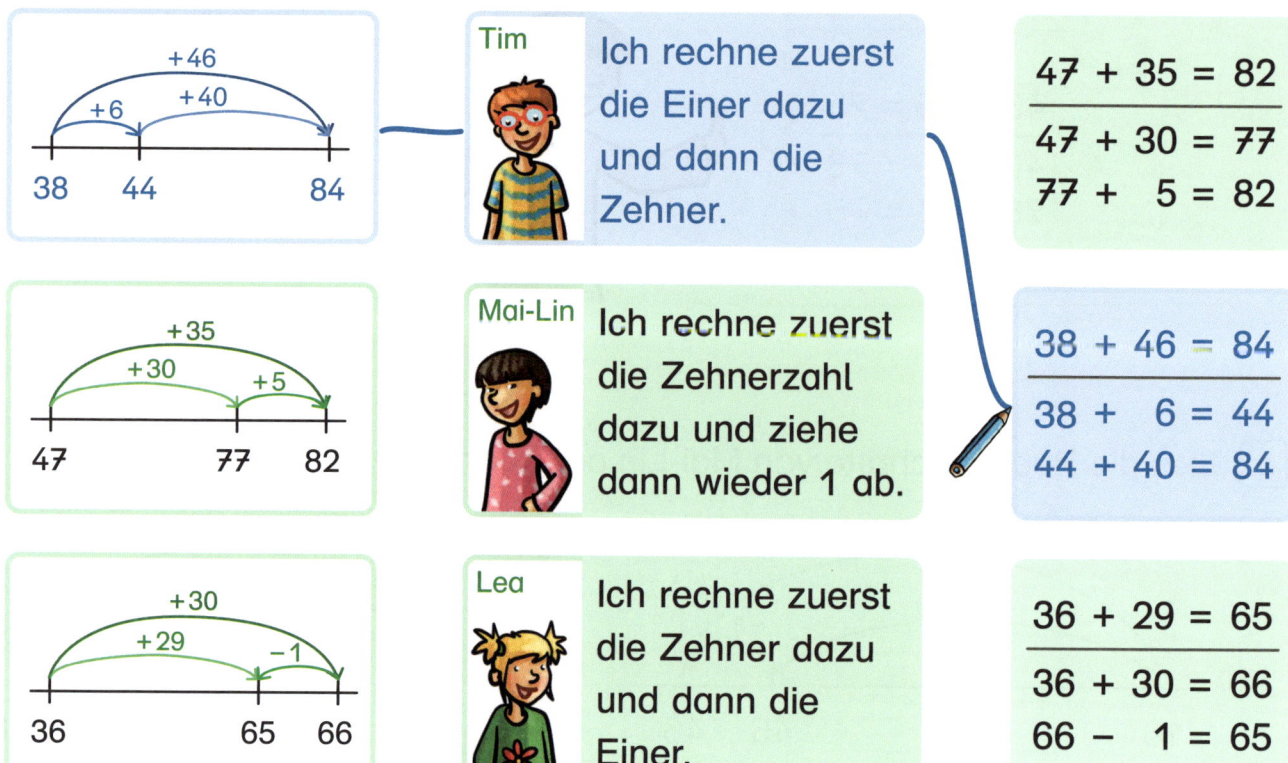

Tim Ich rechne zuerst die Einer dazu und dann die Zehner.

$$47 + 35 = 82$$
$$47 + 30 = 77$$
$$77 + 5 = 82$$

Mai-Lin Ich rechne zuerst die Zehnerzahl dazu und ziehe dann wieder 1 ab.

$$38 + 46 = 84$$
$$38 + 6 = 44$$
$$44 + 40 = 84$$

Lea Ich rechne zuerst die Zehner dazu und dann die Einer.

$$36 + 29 = 65$$
$$36 + 30 = 66$$
$$66 - 1 = 65$$

2 Löse die Aufgaben wie Tim, Lea oder Mai-Lin.
Beschrifte den Rechenstrich und schreibe den Rechenweg auf.

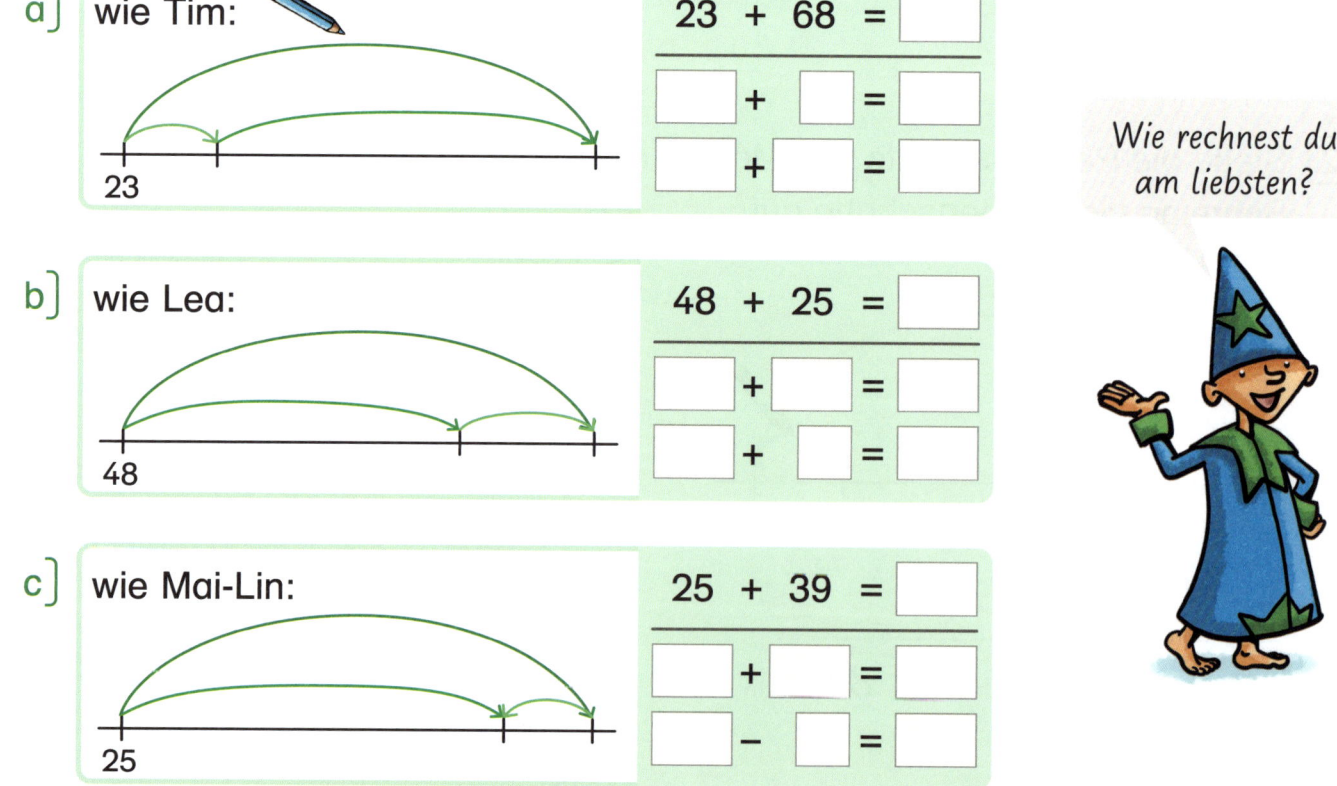

a) wie Tim:

23

$$23 + 68 = \boxed{}$$
$$\boxed{} + \boxed{} = \boxed{}$$
$$\boxed{} + \boxed{} = \boxed{}$$

b) wie Lea:

48

$$48 + 25 = \boxed{}$$
$$\boxed{} + \boxed{} = \boxed{}$$
$$\boxed{} + \boxed{} = \boxed{}$$

c) wie Mai-Lin:

25

$$25 + 39 = \boxed{}$$
$$\boxed{} + \boxed{} = \boxed{}$$
$$\boxed{} - \boxed{} = \boxed{}$$

Wie rechnest du am liebsten?

★ beschriebene Rechenschritte den Darstellungen am Rechenstrich und der halbschriftlichen Notationsform zuordnen
★ vorgegebene Rechenschritte beim Lösen von Aufgaben anwenden und darstellen

1 Löse die Aufgaben.
Schreibe deine Rechenschritte auf.

Wie rechnest du?

a) 68 + 26 = ☐

☐ ○ ☐ = ☐

☐ ○ ☐ = ☐

b) 69 + 18 = ☐

☐ ○ ☐ = ☐

☐ ○ ☐ = ☐

c) 58 + 15 = ☐

☐ ○ ☐ = ☐

☐ ○ ☐ = ☐

d) 25 + 37 = ☐

☐ ○ ☐ = ☐

☐ ○ ☐ = ☐

e) 24 + 69 = ☐

☐ ○ ☐ = ☐

☐ ○ ☐ = ☐

f) 65 + 28 = ☐

☐ ○ ☐ = ☐

☐ ○ ☐ = ☐

g) 49 + 19 = ☐

☐ ○ ☐ = ☐

☐ ○ ☐ = ☐

h) 26 + 58 = ☐

☐ ○ ☐ = ☐

☐ ○ ☐ = ☐

i) 29 + 13 = ☐

☐ ○ ☐ = ☐

☐ ○ ☐ = ☐

2 Löse die Aufgaben. Rechne mit deinen Rechenschritten im Kopf.
Kontrolliere die Ergebnisse.
Die Lösungszahlen findest du in den Sternen.

a) 33 + 58 = 91

25 + 36 = ☐

46 + 26 = ☐

b) 26 + 49 = ☐

38 + 24 = ☐

46 + 47 = ☐

c) 63 + 19 = ☐

29 + 34 = ☐

57 + 26 = ☐

61   62   63   72   75   82   83   91   93

★ Aufgaben mit dem eigenen Rechenweg lösen, Rechenschritte notieren
★ Plusaufgaben in zwei Schritten im Kopf lösen und kontrollieren

D 61   ÜH 49   AH 52   **13**

1 Suche dir ein anderes Kind.
Legt Minusaufgaben mit Zehnerzahlen und zeichnet Rechenbilder.

$53 - 20 = 33$

$53 - 20$

2 Löse die Aufgaben.
Rechne zuerst mit Zehnerzahlen.

a) $60 - 20 = 40$
   $63 - 20 = 43$

b) $\boxed{} - \boxed{} = \boxed{}$
   $98 - 60 = \boxed{}$

c) $\boxed{} - \boxed{} = \boxed{}$
   $95 - 30 = \boxed{}$

d) $\boxed{} - \boxed{} = \boxed{}$
   $46 - 20 = \boxed{}$

e) $\boxed{} - \boxed{} = \boxed{}$
   $72 - 50 = \boxed{}$

f) $\boxed{} - \boxed{} = \boxed{}$
   $78 - 40 = \boxed{}$

Das ist ja ganz einfach.

3 Löse die Aufgaben.

a) $37 - 20 = \boxed{}$
   $92 - 30 = \boxed{}$
   $84 - 60 = \boxed{}$

b) $87 - 40 = \boxed{}$
   $53 - 30 = \boxed{}$
   $78 - 20 = \boxed{}$

4 Ergänze die passenden Zahlen.

a) $95 - \boxed{50} = 45$
   $87 - \boxed{} = 37$
   $72 - \boxed{} = 12$

b) $\boxed{} - 20 = 27$
   $\boxed{} - 40 = 31$
   $\boxed{} - 30 = 52$

B   ÜH 50

★ Minusaufgaben mit Zehnerzahlen handelnd und mithilfe von Rechenbildern lösen
★ Minusaufgaben mit Zehnerzahlen lösen
★ Zehnerzahlen in Minusaufgaben ergänzen

✋ ① Suche dir ein anderes Kind.
Legt die Minusaufgaben wie Lea und Tim.

45 – 32

58 – 35

64 – 21

Ich nehme zuerst die Zehner weg, dann die Einer.

Ich nehme zuerst die Einer weg, dann die Zehner.

45 - 32

② Rechne wie Lea.
Schreibe die Rechenschritte auf.

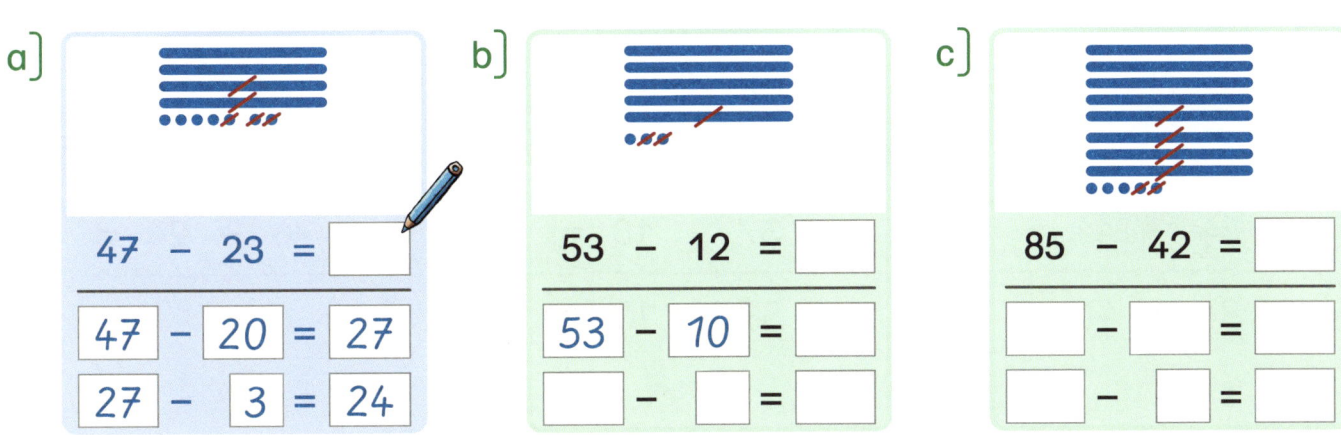

a)

$47 - 23 = \boxed{}$

$47 - 20 = 27$

$27 - 3 = 24$

b)

$53 - 12 = \boxed{}$

$53 - 10 = \boxed{}$

$\boxed{} - \boxed{} = \boxed{}$

c)

$85 - 42 = \boxed{}$

$\boxed{} - \boxed{} = \boxed{}$

$\boxed{} - \boxed{} = \boxed{}$

③ Rechne wie Tim.
Schreibe die Rechenschritte auf.

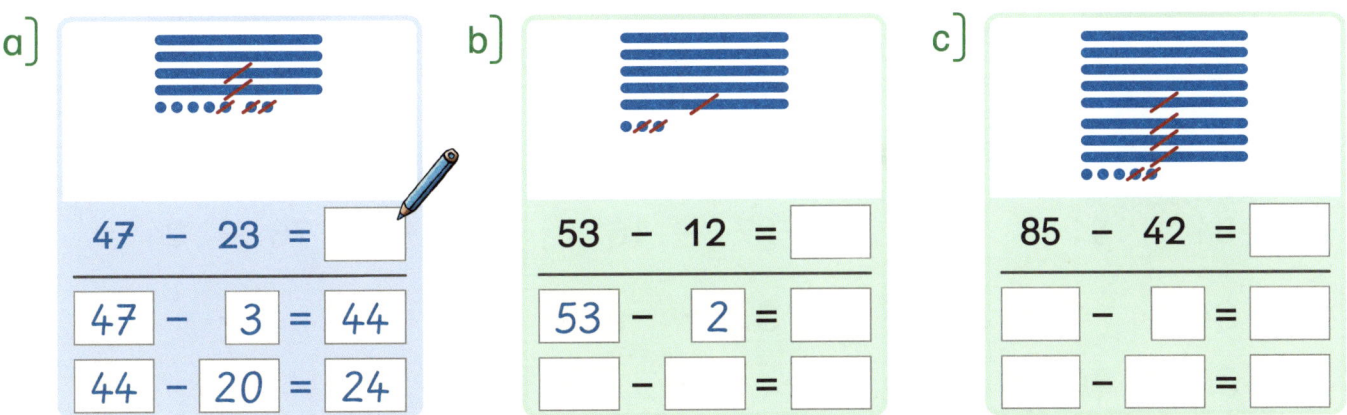

a)

$47 - 23 = \boxed{}$

$47 - 3 = 44$

$44 - 20 = 24$

b)

$53 - 12 = \boxed{}$

$53 - 2 = \boxed{}$

$\boxed{} - \boxed{} = \boxed{}$

c)

$85 - 42 = \boxed{}$

$\boxed{} - \boxed{} = \boxed{}$

$\boxed{} - \boxed{} = \boxed{}$

★ beim handelnden Lösen von Minusaufgaben mit zweistelligen Zahlen unterschiedliche Vorgehensweisen erproben ★ bei bildlich dargestellten Minusaufgaben mit zweistelligen Zahlen zwei unterschiedliche Rechenschritte anwenden und notieren

B **15**

$73 - 31 = \blacksquare$

Ich nehme zuerst die **Einer** weg und dann die *Zehner*.

$73 - 31 = 42$

$73 - 30 = 43$

$43 - 1 = 42$

Ich nehme zuerst die *Zehner* weg und dann die **Einer**.

$73 - 31 = 42$

$73 - 1 = 72$

$72 - 30 = 42$

---

1 Rechne wie Lea.

Lies die Rechenschritte am Rechenstrich ab.

a)
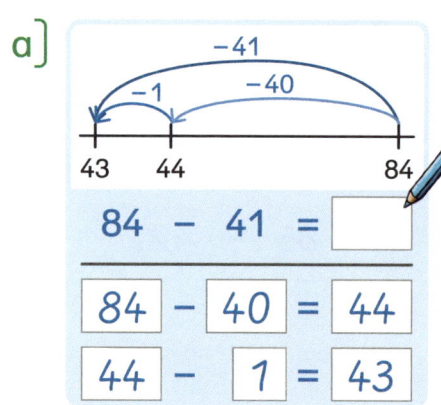

$84 - 41 = \boxed{}$

$84 - 40 = 44$

$44 - 1 = 43$

b)
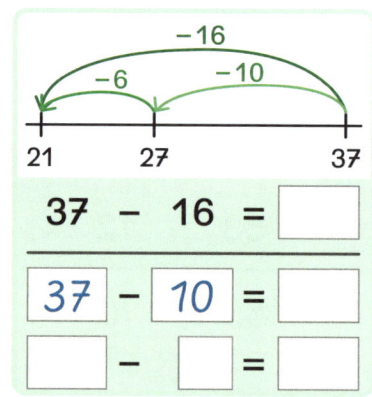

$37 - 16 = \boxed{}$

$37 - 10 = \boxed{}$

$\boxed{} - \boxed{} = \boxed{}$

c)
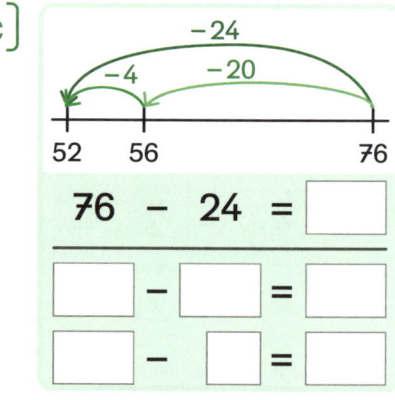

$76 - 24 = \boxed{}$

$\boxed{} - \boxed{} = \boxed{}$

$\boxed{} - \boxed{} = \boxed{}$

2 Rechne wie Tim.

Lies die Rechenschritte am Rechenstrich ab.

a)
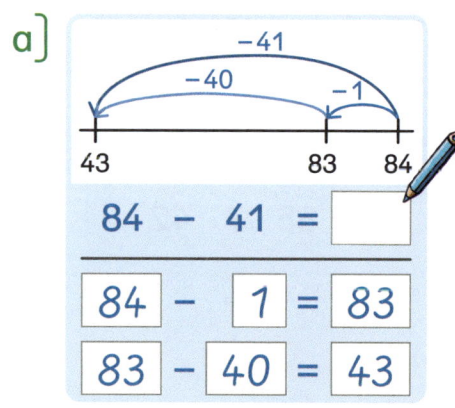

$84 - 41 = \boxed{}$

$84 - 1 = 83$

$83 - 40 = 43$

b)
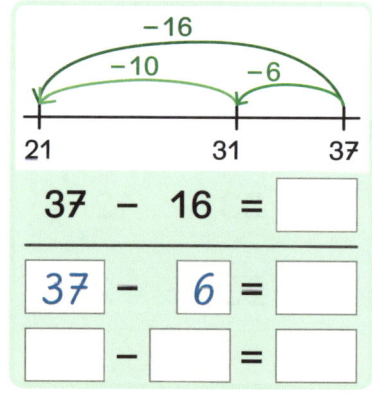

$37 - 16 = \boxed{}$

$37 - 6 = \boxed{}$

$\boxed{} - \boxed{} = \boxed{}$

c)
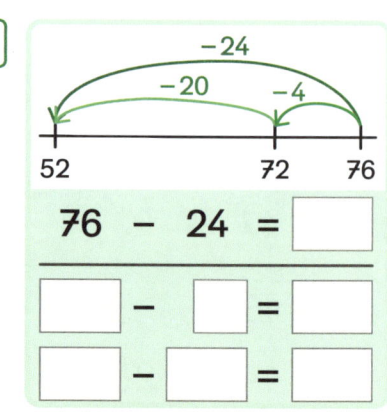

$76 - 24 = \boxed{}$

$\boxed{} - \boxed{} = \boxed{}$

$\boxed{} - \boxed{} = \boxed{}$

★ Rechenschritte bei Minusaufgaben mit zweistelligen Zahlen am Rechenstrich ablesen und notieren

3 Löse die Aufgaben.
Schreibe deine Rechenschritte auf.

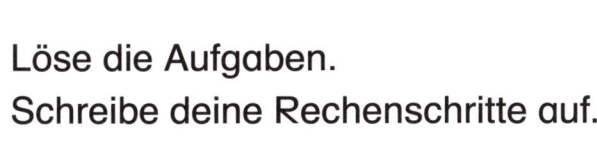

a) 95 − 31 = ☐

95 − ☐ = ☐
☐ − ☐ = ☐

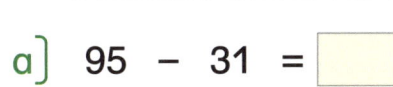

b) 54 − 22 = ☐

☐ − ☐ = ☐
☐ − ☐ = ☐

c) 56 − 34 = ☐

☐ − ☐ = ☐
☐ − ☐ = ☐

d) 65 − 32 = ☐

☐ − ☐ = ☐
☐ − ☐ = ☐

e) 87 − 24 = ☐

☐ − ☐ = ☐
☐ − ☐ = ☐

f) 98 − 56 = ☐

☐ − ☐ = ☐
☐ − ☐ = ☐

Wie rechnest du?

4 Löse die Aufgaben.
Stelle deine Rechenschritte am Rechenstrich dar.

a)
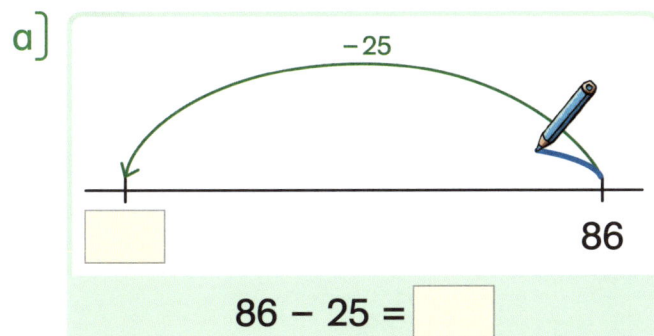

− 25

☐ 86

86 − 25 = ☐

b)
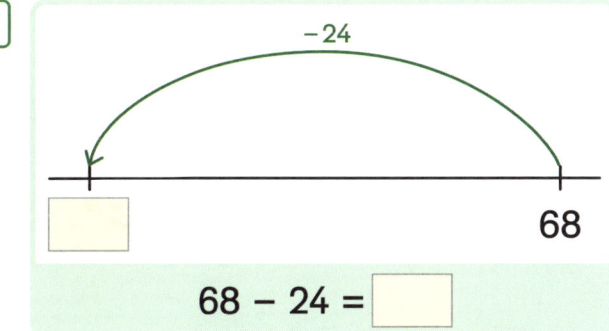

− 24

☐ 68

68 − 24 = ☐

c)
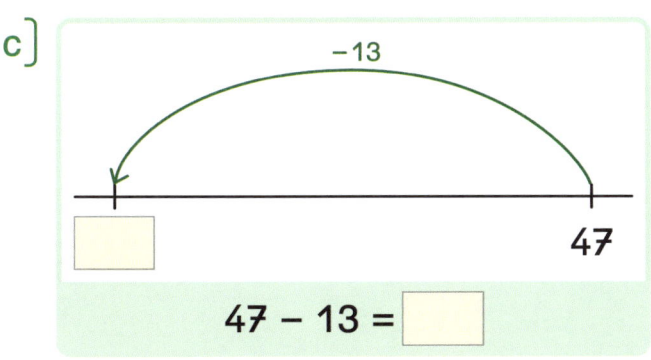

− 13

☐ 47

47 − 13 = ☐

d)
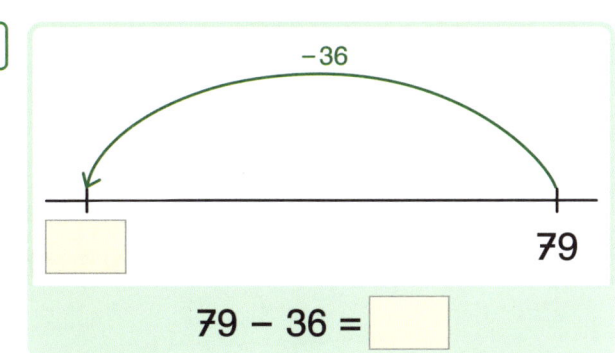

− 36

☐ 79

79 − 36 = ☐

★ Minusaufgaben lösen, die gewählten Rechenschritte notieren
bzw. am Rechenstrich darstellen

1 Löse die Aufgaben.

Rechne mit deinen Rechenschritten im Kopf.

Kontrolliere die Ergebnisse.

Die Lösungszahlen findest du in den Sternen.

a)
$75 - 42 = \boxed{33}$

$38 - 24 = \boxed{}$

$56 - 31 = \boxed{}$

b)
$48 - 24 = \boxed{}$

$69 - 17 = \boxed{}$

$97 - 54 = \boxed{}$

c)
$56 - 23 = \boxed{}$

$94 - 62 = \boxed{}$

$66 - 43 = \boxed{}$

⭐ 14   ⭐ 23   ⭐ 24   ⭐ 25   ⭐ 32   ⭐ 33   ⭐ 33̶   ⭐ 43   ⭐ 52

2 Löse die Aufgaben.

Setze die Aufgabenreihen fort.

Ich sehe ein Muster.

a)
$58 - 35 = \boxed{}$

$57 - 34 = \boxed{}$

$56 - 33 = \boxed{}$

$\boxed{} - \boxed{} = \boxed{}$

$\boxed{} - \boxed{} = \boxed{}$

b)
$75 - 24 = \boxed{}$

$74 - 23 = \boxed{}$

$73 - 22 = \boxed{}$

$\boxed{} - \boxed{} = \boxed{}$

$\boxed{} - \boxed{} = \boxed{}$

c Beschreibe, wie sich die Zahlen bei **a** und **b** verändern.

Verbinde dazu die Satzteile.

Die erste Zahl …		… bleibt gleich.
Die zweite Zahl …		… wird um 1 kleiner.
Das Ergebnis …		… wird um 1 kleiner.

3 Bilde mit diesen Ziffernkärtchen vier verschiedene Minusaufgaben.

2   4   7   8

Seite 18 Aufgabe 3

$48 - 27 = 21$

⋮

★ Minusaufgaben in zwei Schritten im Kopf rechnen und kontrollieren
★ **MK:** Aufgabenreihen lösen und fortsetzen, **SF:** Muster beschreiben
★ aus vorgegebenen Ziffernkärtchen selbst Aufgaben bilden

1 Löse die Aufgaben.

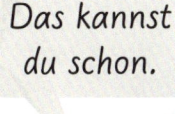
Das kannst du schon.

a) 11 − 8 = 3

15 − 7 = ☐

14 − 8 = ☐

12 − 6 = ☐

b) 16 − 7 = ☐

13 − 9 = ☐

15 − 6 = ☐

14 − 7 = ☐

2 Finde und löse zuerst die kleine Aufgabe.
Löse dann die Aufgabe.

a) 13 − 6 = 7
63 − 6 = 57

b) ☐ − ☐ = ☐
34 − 7 = ☐

c) ☐ − ☐ = ☐
52 − 5 = ☐

d) ☐ − ☐ = ☐
76 − 8 = ☐

e) ☐ − ☐ = ☐
43 − 7 = ☐

f) ☐ − ☐ = ☐
82 − 6 = ☐

3 Rechne die Aufgabe in Schritten.
Rechne zuerst zum Zehner.

a) 41 − 4 = ☐
41 − 1 = ☐
☐ − ☐ = ☐

b) 62 − 8 = ☐
☐ − ☐ = ☐
☐ − ☐ = ☐

c) 73 − 5 = ☐
☐ − ☐ = ☐
☐ − ☐ = ☐

4 Löse die Aufgaben.
Rechne mit deinen Rechenschritten im Kopf.
Kontrolliere die Ergebnisse.
Die Lösungszahlen findest du in den Sternen.

a) 84 − 8 = ☐

b) 34 − 6 = ☐

c) 31 − 4 = ☐

d) 42 − 6 = ☐

e) 46 − 9 = ☐

f) 52 − 7 = ☐

27   28   36   37   45   76

★ Minusaufgaben mit Zehnerüberschreitung im Zahlenraum bis 20 wiederholen
★ Minusaufgaben mit Einern und Zehnerüberschreitung im Zahlenraum bis 100 wiederholen

$$54 - 26 = \blacksquare$$

Ich ziehe zuerst die Zehner ab und dann die Einer.

Ich ziehe zuerst die Einer ab und dann die Zehner.

Lea:

-26
-6 -20

28 34 54

$54 - 26 = 28$

$54 - 20 = 34$

$34 - 6 = 28$

Tim:

-26
-20 -6

28 48 54

$54 - 26 = 28$

$54 - 6 = 48$

$48 - 20 = 28$

---

1 Löse die Aufgabe 54 – 26.
Rechnest du wie Lea oder wie Tim?
Vergleiche mit anderen Kindern.

2 Löse die Aufgaben. Schreibe deine Rechenschritte auf.

a) $53 - 28 = \boxed{}$

$\boxed{} - \boxed{} = \boxed{}$

$\boxed{} - \boxed{} = \boxed{}$

b) $81 - 46 = \boxed{}$

$\boxed{} - \boxed{} = \boxed{}$

$\boxed{} - \boxed{} = \boxed{}$

3 Löse die Aufgaben. Stelle deine Rechenschritte am Rechenstrich dar.

a)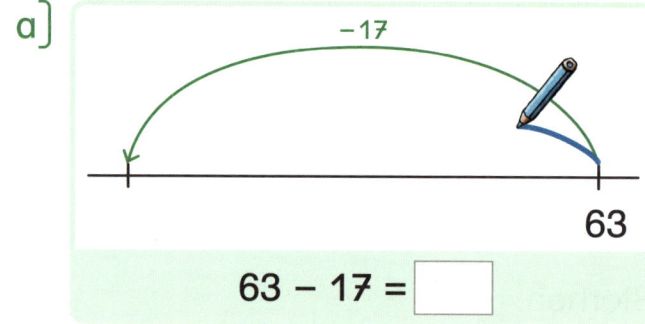

-17

63

$63 - 17 = \boxed{}$

b)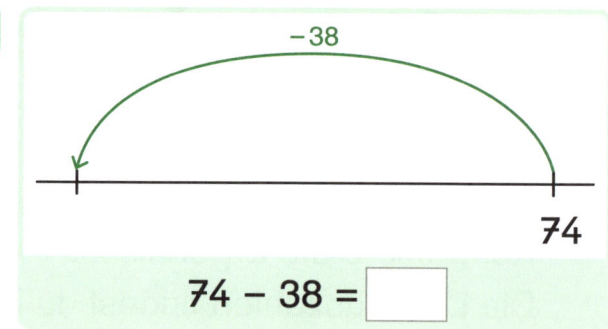

-38

74

$74 - 38 = \boxed{}$

4 Löse die Aufgaben im Heft.
Schreibe deine Rechenschritte auf oder stelle sie am Rechenstrich dar.

a) $92 - 47 = \blacksquare$

b) $77 - 49 = \blacksquare$

c) $83 - 46 = \blacksquare$

d) $32 - 18 = \blacksquare$

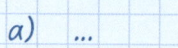

Seite 20 Aufgabe 4

a) ...

★ **SF:** dargestellte Rechenschritte bei Minusaufgaben mit zweistelligen Zahlen und Zehnerüberschreitung nachvollziehen, beschreiben und vergleichen ★ den eigenen Rechenweg beim Lösen von Aufgaben anwenden, notieren bzw. am Rechenstrich zeichnen

$52 - 29 = \blacksquare$

$52 - 29 = 23$

$52 - 30 = 22$

$22 + 1 = 23$

Ich rechne zuerst 52 – 30 = 22, dann rechne ich wieder 1 dazu.

1 Lies die Rechenschritte von Mai-Lin am Rechenstrich ab.

a)
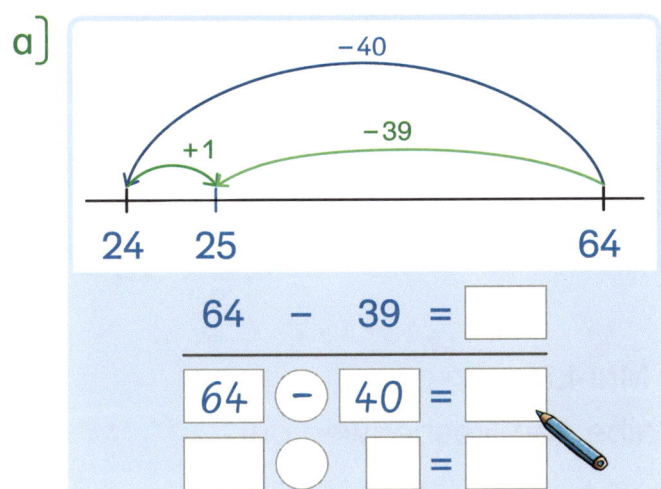

$64 - 39 = \boxed{}$

$64 \;\boxed{-}\; 40 = \boxed{}$

$\boxed{} \bigcirc \boxed{} = \boxed{}$

b)
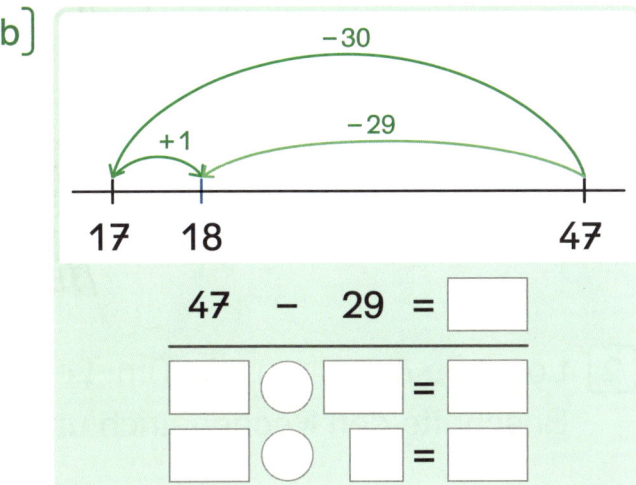

$47 - 29 = \boxed{}$

$\boxed{} \bigcirc \boxed{} = \boxed{}$

$\boxed{} \bigcirc \boxed{} = \boxed{}$

2 Stelle die Rechenschritte von Mai-Lin am Rechenstrich dar.
Schreibe die Rechenschritte auf.

a)
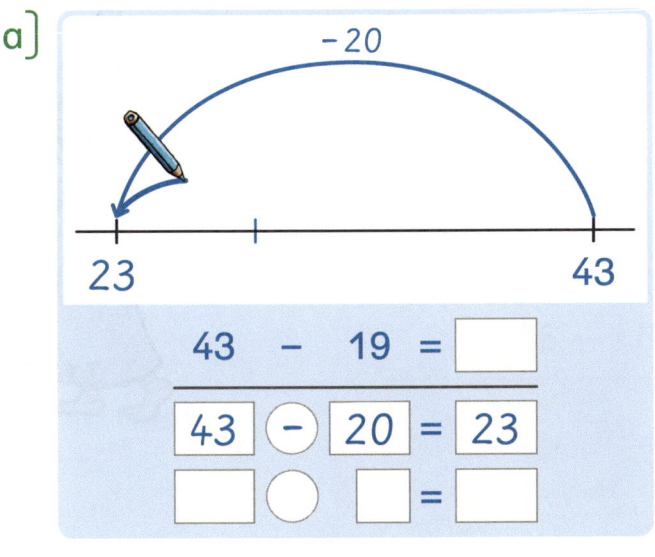

$43 - 19 = \boxed{}$

$43 \;\boxed{-}\; 20 = \boxed{23}$

$\boxed{} \bigcirc \boxed{} = \boxed{}$

b)
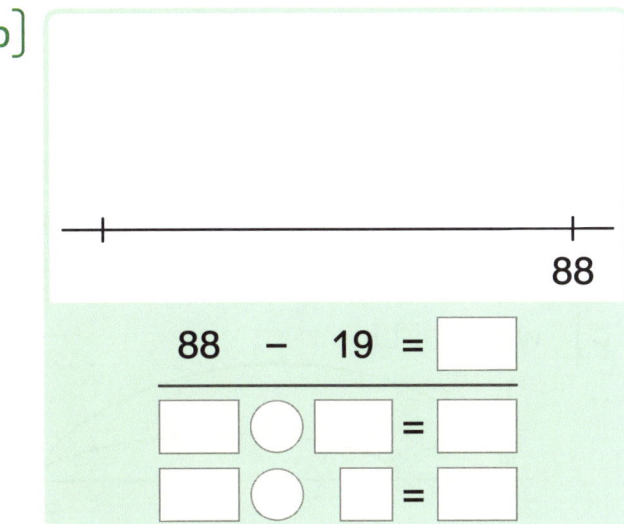

$88 - 19 = \boxed{}$

$\boxed{} \bigcirc \boxed{} = \boxed{}$

$\boxed{} \bigcirc \boxed{} = \boxed{}$

★ vorteilhafte Rechenschritte bei Minusaufgaben mit Zahlen mit 9 Einern
nachvollziehen und anwenden, am Rechenstrich einzeichnen und notieren

ÜH 53   21

1 Ordne passend zu.

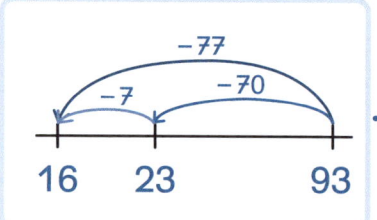

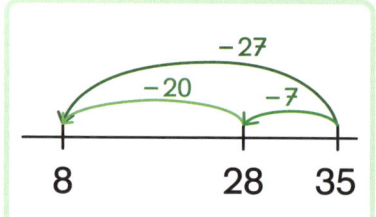

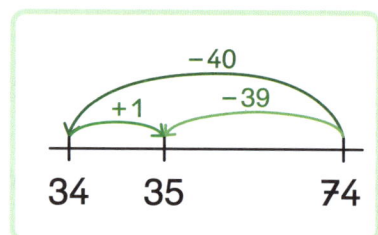

Tim: Ich ziehe zuerst die Einer ab und dann die Zehner.

74 − 39 = 35
74 − 40 = 34
34 + 1 = 35

Mai-Lin: Ich ziehe zuerst die Zehnerzahl ab und rechne dann wieder 1 dazu.

93 − 77 = 16
93 − 70 = 23
23 − 7 = 16

Lea: Ich ziehe zuerst die Zehner ab und dann die Einer.

35 − 27 = 8
35 − 7 = 28
28 − 20 = 8

2 Löse die Aufgaben wie Tim, Lea oder Mai-Lin.
Beschrifte den Rechenstrich und schreibe den Rechenweg auf.

a) wie Tim:

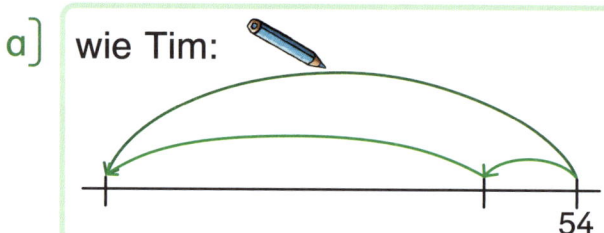

54 − 38 = ☐
☐ − ☐ = ☐
☐ − ☐ = ☐

b) wie Lea:

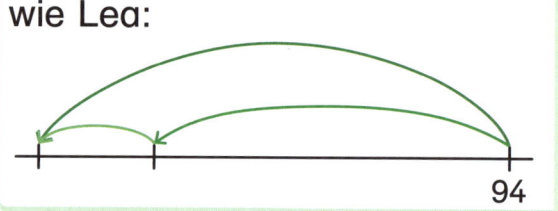

94 − 36 = ☐
☐ − ☐ = ☐
☐ − ☐ = ☐

c) wie Mai-Lin:

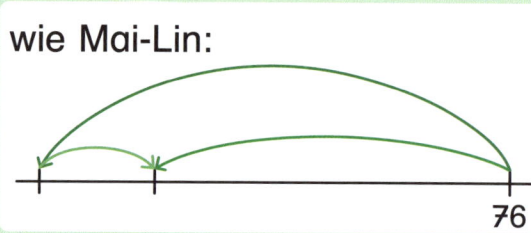

76 − 39 = ☐
☐ − ☐ = ☐
☐ + ☐ = ☐

Wie rechnest du am liebsten?

★ beschriebene Rechenschritte den Darstellungen am Rechenstrich und der halbschriftlichen Notationsform zuordnen
★ vorgegebene Rechenschritte beim Lösen von Aufgaben anwenden und darstellen

1 Löse die Aufgaben.
Schreibe deine Rechenschritte auf.

Wie rechnest du?

a) 32 − 17 = ☐
☐ ◯ ☐ = ☐
☐ ◯ ☐ = ☐

b) 72 − 28 = ☐
☐ ◯ ☐ = ☐
☐ ◯ ☐ = ☐

c) 64 − 35 = ☐
☐ ◯ ☐ = ☐
☐ ◯ ☐ = ☐

d) 53 − 25 = ☐
☐ ◯ ☐ = ☐
☐ ◯ ☐ = ☐

e) 45 − 36 = ☐
☐ ◯ ☐ = ☐
☐ ◯ ☐ = ☐

f) 82 − 44 = ☐
☐ ◯ ☐ = ☐
☐ ◯ ☐ = ☐

g) 45 − 28 = ☐
☐ ◯ ☐ = ☐
☐ ◯ ☐ = ☐

h) 94 − 48 = ☐
☐ ◯ ☐ = ☐
☐ ◯ ☐ = ☐

i) 65 − 29 = ☐
☐ ◯ ☐ = ☐
☐ ◯ ☐ = ☐

2 Löse die Aufgaben. Rechne mit deinen Rechenschritten im Kopf.
Kontrolliere die Ergebnisse.
Die Lösungszahlen findest du in den Sternen.

a) 63 − 37 = 26
72 − 36 = ☐
85 − 47 = ☐

b) 64 − 18 = ☐
83 − 35 = ☐
33 − 25 = ☐

c) 43 − 29 = ☐
67 − 48 = ☐
76 − 37 = ☐

⭐ 8   ⭐ 14   ⭐ 19   ⭐ 26   ⭐ 36   ⭐ 38   ⭐ 39   ⭐ 46   ⭐ 48

★ Aufgaben mit dem eigenen Rechenweg lösen, Rechenschritte notieren
★ Minusaufgaben in zwei Schritten im Kopf lösen und kontrollieren

D 64   ÜH 54   AH 54   **23**

1 Suche dir ein anderes Kind.
Vergleicht Gegenstände aus dem Klassenzimmer nach ihrer Länge.

2 Sucht Gegenstände, die fast gleich lang sind.
Legt sie zum Vergleichen nebeneinander.
Schreibt Längenvergleiche auf.

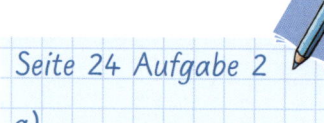

a) ▭ ist länger als ▭.

b) ▭ ist kürzer als ▭.

c) ▭ ist genauso lang wie ▭.

3 Manche Gegenstände könnt ihr zum Vergleichen nicht nebeneinanderlegen.
Dann hilft zum Beispiel eine Schnur.
Sucht solche Gegenstände und vergleicht sie.
Sprecht wie in Aufgabe **2**.

★ Längenvergleiche bei Gegenständen im Klassenzimmer durchführen ★ Längenvergleiche von Gegenständen durch Nebeneinanderlegen (direkter Vergleich) und mit Hilfsmitteln (indirekter Vergleich) durchführen ★ **SF:** Längenvergleiche beschreiben und notieren

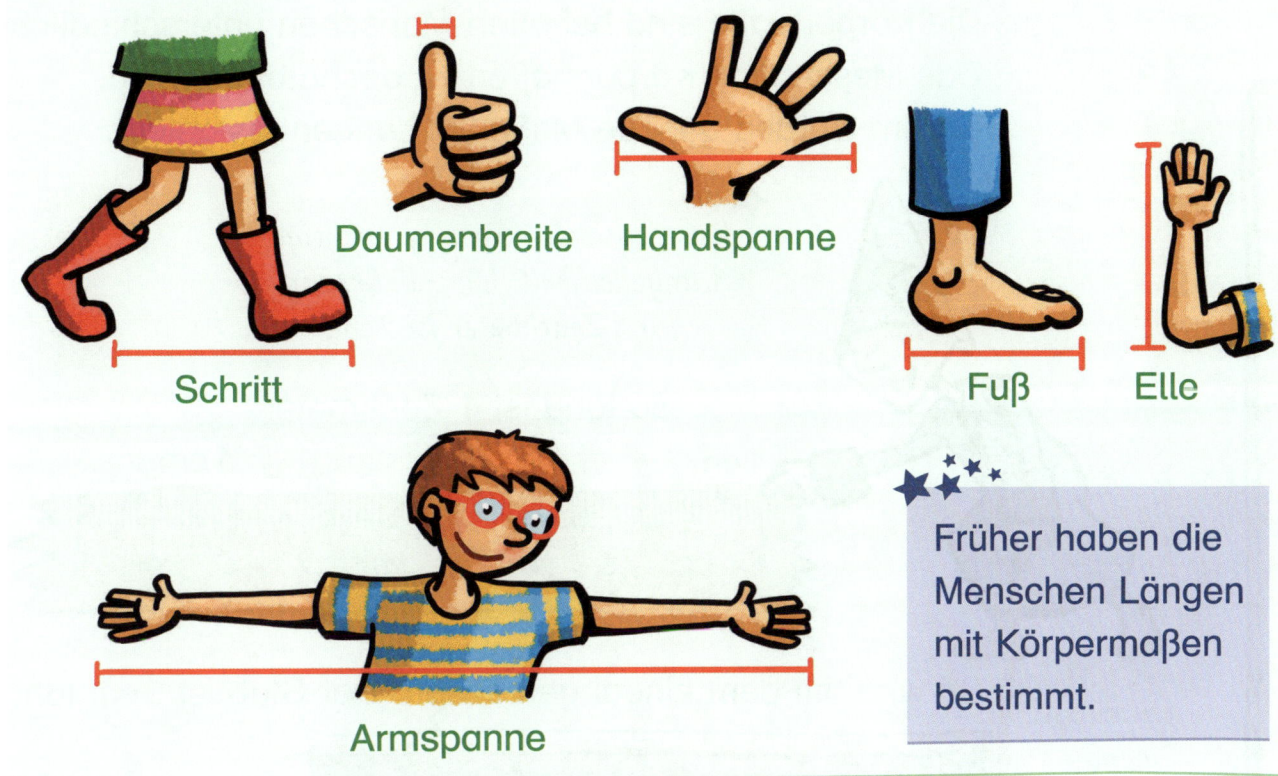

Daumenbreite   Handspanne

Schritt   Fuß   Elle

Armspanne

Früher haben die Menschen Längen mit Körpermaßen bestimmt.

---

1 Miss folgende Längen in den angegebenen Körpermaßen.

a) Schülertisch, lange Seite: ungefähr ☐ Handspannen

b) Mathematikheft, kurze Seite: ungefähr ☐ Daumenbreiten

c) aufgeklappte Tafel: ungefähr ☐ Armspannen

d) Länge des Klassenzimmers: ungefähr ☐ Schritte

e) Weg von der Tür bis zur Tafel: ungefähr ☐ Fuß

f) Lehrertisch, lange Seite: ungefähr ☐ Ellen

2 Vergleiche deine Ergebnisse von Aufgabe 1 mit denen eines anderen Kindes. Bei welchen Messungen gibt es große Unterschiede? Bei welchen Messungen sind die Ergebnisse fast gleich? Sucht Begründungen.

★ SF: Körpermaße kennenlernen ★ mit Körpermaßen messen
★ SF: Messergebnisse vergleichen und Begründungen für Unterschiede finden

25

3 Die Länge „1 cm" kennenlernen

Die Körpermaße sind bei allen Menschen unterschiedlich.
Das Messen mit Körpermaßen ist deshalb ungenau.
Darum wurden genaue Maße für Längen festgelegt.

> Der Zentimeter ist eine wichtige Längeneinheit. Die Abkürzung für **1 Zentimeter** ist **1 cm**.

So lang ist 1 Zentimeter:

1 cm   1 cm

1   2   3   4   5   6   7   8   9   10

Du musst genau bei der 0 anlegen.

So wird mit dem Lineal gemessen: Der Stab ist 9 cm lang.

0   1   2   3   4   5   6   7   8   9   10   11   12   13

---

1 Miss mit einem Lineal und schreibe die Ergebnisse auf.

Heft: ⬜ cm	Farbkasten: ⬜ cm
Bleistift: ⬜ cm	Einstern-Heft: ⬜ cm
Handspanne: ⬜ cm	Daumenbreite: ⬜ cm
Fußlänge: ⬜ cm	Elle: ⬜ cm

2 Miss die Längen der Nägel und schreibe sie auf.

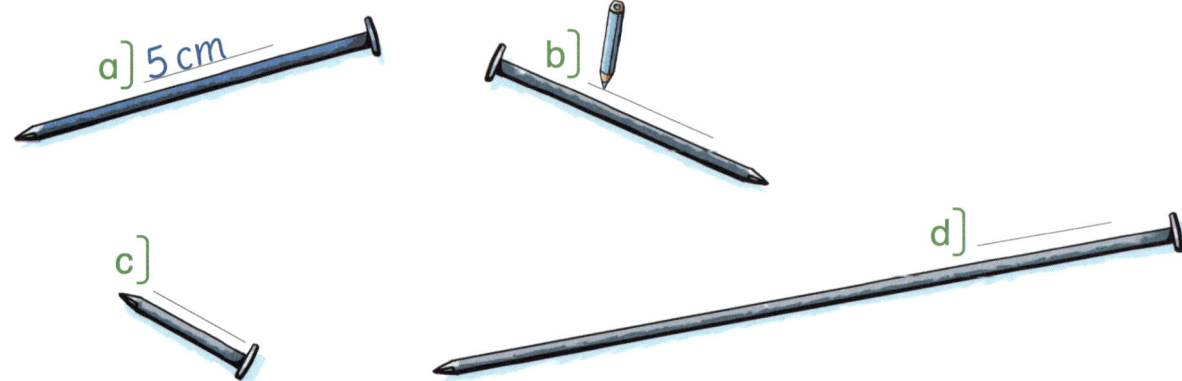

a] 5 cm
b]
c]
d]

★ Begründungen für die Notwendigkeit standardisierter Maßeinheiten nachvollziehen ★ SF: „cm" als standardisierte Maßeinheit kennenlernen und verwenden ★ MK: das Lineal als Messinstrument sachgerecht nutzen ★ mit dem Lineal Längen messen und Messergebnisse notieren

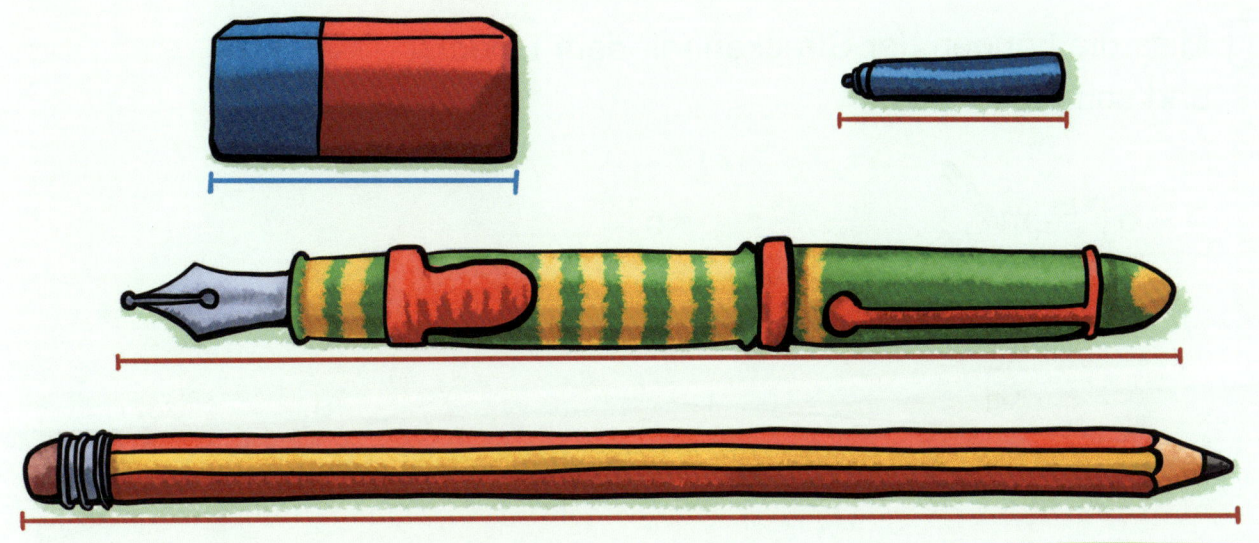

1 So lang sind Dinge im Mäppchen.

a) Miss die Längen der Gegenstände oben.
Schreibe deine Ergebnisse in die blaue Tabellenspalte.

b) Miss auch die Längen deiner eigenen Gegenstände.
Schreibe deine Ergebnisse in die rote Tabellenspalte.

c) Vergleiche, ob dein Gegenstand länger oder kürzer ist als auf dem Bild. Trage deine Ergebnisse in die Tabelle ein.

Mein Radiergummi ist 5 cm lang. Mein Gegenstand ist länger.

Gegenstand	auf dem Bild	bei mir	mein Gegenstand ist …
Radiergummi	4 cm		
Patrone			
Füller			
Bleistift			

2 Zeichne mithilfe des Lineals deinen Bleistift in der richtigen Länge.

★ die Längen von Gegenständen in „cm" messen, SF: Längen vergleichen
★ Gegenstand in vorgegebener Länge zeichnen

1 Miss die Längen der Strecken mit dem Lineal
und schreibe sie auf.

a] *5 cm*

b] _____

c] _____

d]

e] _____

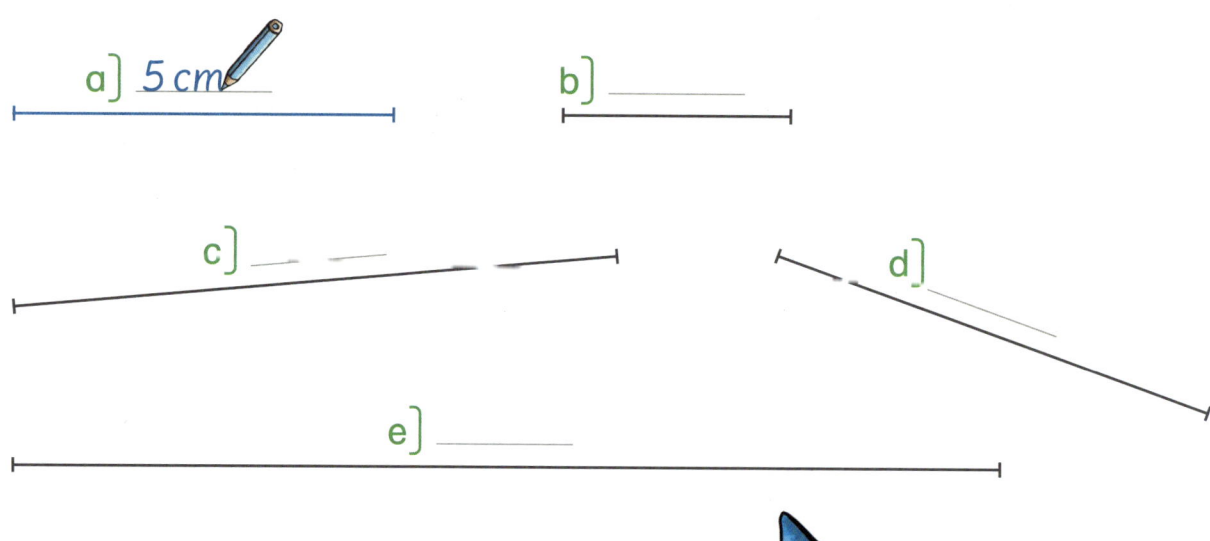

2 Zeichne Strecken mit den folgenden Längen.

a] 2 cm |——————|

b] 7 cm

c] 15 cm

d] 8 cm

 e] Bitte ein anderes Kind, deine Zeichnungen zu prüfen.

★ die Längen von Strecken messen
★ Strecken in vorgegebener Länge zeichnen

1 Schätze die Länge jeder Figur.
Miss anschließend die Längen aller Teilstrecken
und berechne jeweils die Gesamtlänge.

Figur	geschätzt	gemessen und gerechnet
A	15 cm	3 cm + 2 cm + 2 cm + 2 cm + 3 cm = 12 cm
B		
C		
D		

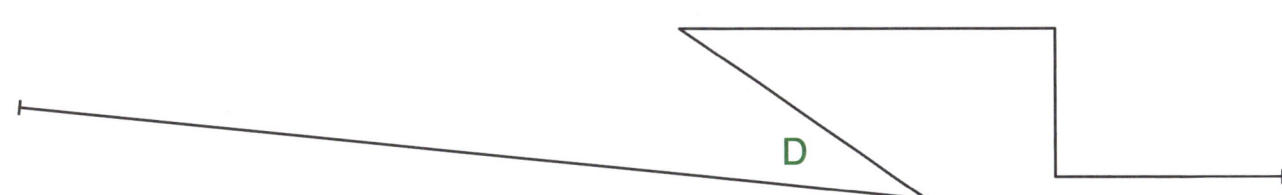

100 Zentimeter sind 1 **Meter**.
100 cm =   1 m
1 m = 100 cm

1 Es gibt verschiedene Messinstrumente zum Messen von Längen.

Lineal

Schneidermaß

Bandmaß

Gliedermaßstab
(Zollstock)

Geodreieck

Bandmaß

a Bringe einige Messinstrumente von zu Hause mit und zeige einem anderen Kind, wie man damit misst.

b Besprecht, wann man welches Messgerät verwendet.

2 Stelle aus Papierstreifen dein eigenes Meterband her.

1 Du brauchst fünf gelbe und fünf weiße 10 cm lange Streifen.

2 So musst du sie zusammenkleben.

3

★ **SF:** „m" als standardisierte Maßeinheit kennenlernen ★ **SF/MK:** verschiedene Messinstrumente, ihre Anwendungsbereiche und den jeweils sachgerechten Umgang kennenlernen und beschreiben ★ **MK:** aus einem Papierstreifen ein Meterband herstellen

1 Suche dir drei andere Kinder.
Betrachtet zuerst das Bild ganz genau und überlegt,
was man beim Messen der Körpergröße alles beachten muss
(die Schuhe, den Zollstock, wie das Buch auf den Kopf gehalten wird, …).

2 Messt und vergleicht eure Körpergrößen.

a] Messt die Körpergröße von jedem Kind
in m und cm.
Schreibt die Messergebnisse auf.

b] Schreibt die Kinder nach Größe geordnet auf.
Beginnt mit dem kleinsten Kind.

c] Schreibt zwei Größenvergleiche auf.

Seite 31 Aufgabe 2

a) … :   … m … cm
    ⋮
b) …, …, …, …

c) … ist … cm kleiner als …
    … ist … cm größer als …

★ Körpergröße von Kindern in „m" und „cm" sachgerecht messen, notieren und vergleichen
★ SF: Vergleiche notieren

1 Suche immer zwei Gegenstände oder eigene Körpermaße,
   die ungefähr folgende Längen haben.

a] 1 cm: _____

b] 10 cm: _____

c] 1 m: _____

2 Schätze und miss die Längen in deiner Umgebung.
   Wähle das passende Messinstrument.

	geschätzt	gemessen
Tischlänge	1 m	
Tischbreite		
Tischhöhe		
Länge deines Mäppchens		
deine Schuhlänge		
Türbreite		
Breite des Klassenzimmers		
Radiergummi		
Büroklammer		

★ zu verschiedenen vorgegebenen Längenangaben Repräsentanten finden und diese als
Bezugsgrößen beim Schätzen nutzen
★ Längen von Gegenständen im Klassenzimmer schätzen und in „m" und „cm" messen

3 Längenangaben und Längeneinheiten zuordnen

1 Entscheide, ob die Aussage stimmt, und kreuze an.

	stimmt	stimmt nicht
Ein Auto ist länger als 10 m.		✗
Mein Mäppchen ist länger als 10 cm.		
Mein Bleistift ist kürzer als 30 cm.		
Meine Schritte sind länger als 1 m.		

2 Setze m oder cm passend ein.

a) Die Klassenzimmertür ist ungefähr 1 _m_ breit.

b) Mein Stuhl ist ungefähr 45 ____ hoch.

c) Das Buch ist ungefähr 3 ____ dick.

d) Der Baum ist ungefähr 20 ____ hoch.

3 Ordne die Längenangaben zu und trage ein.

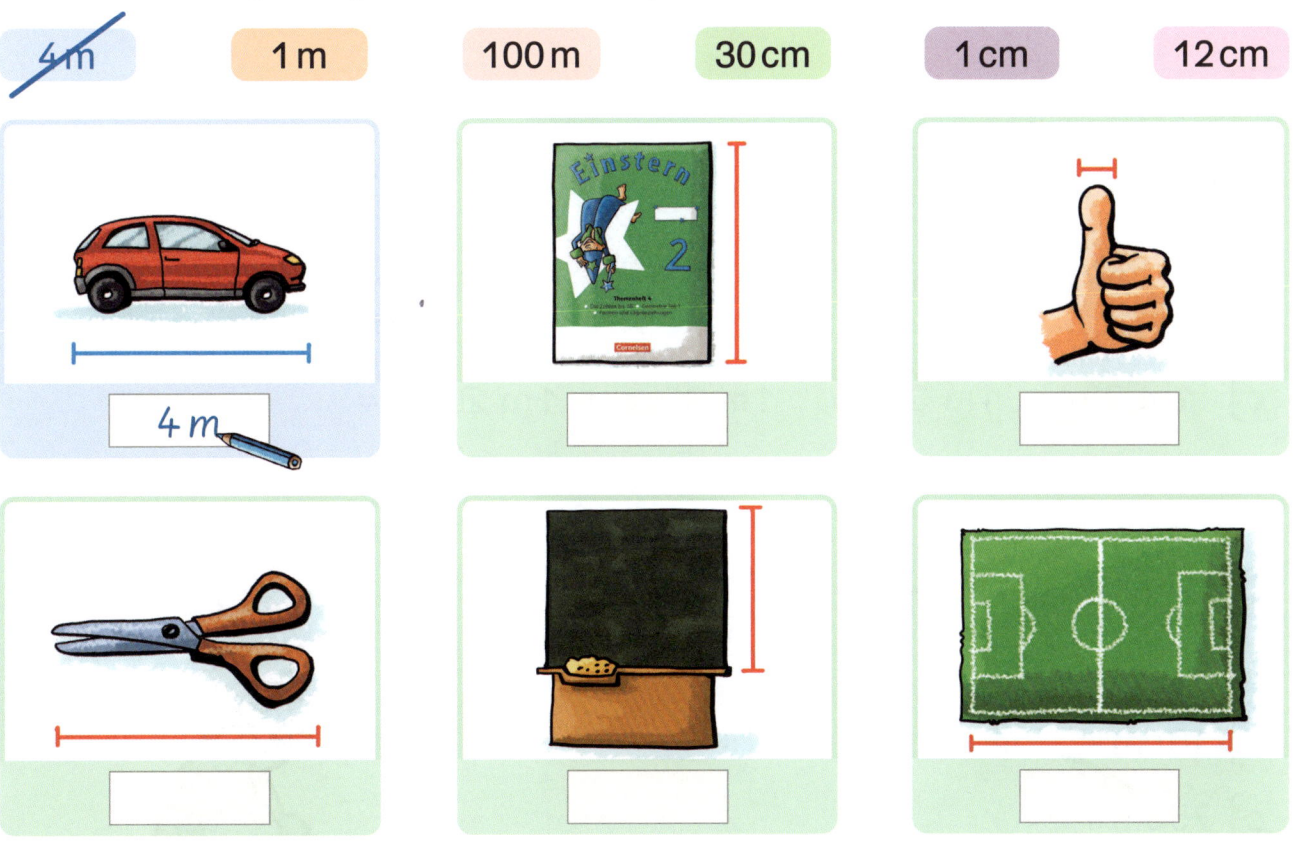

~~4 m~~   1 m   100 m   30 cm   1 cm   12 cm

4 m

★ verschiedene Längenangaben auf Plausibilität prüfen
★ Längenangaben die Maßeinheiten „m" und „cm" passend zuordnen
★ Längenangaben in „m" und „cm" passend zuordnen

 ÜH 56   AH 55   **33**

1 Ordne die Längenangaben.
Beginne mit der größten Länge.

a]

| 35 cm | 12 cm | 58 cm | ~~85 cm~~ |

_85 cm >_

b]

| 1 m 6 cm | 1 m 60 cm | 1 m 85 cm | 1 m 38 cm |

2 Löse die Aufgaben.

a] 65 cm + 23 cm = ☐ cm

12 cm + 45 cm = ☐ cm

54 cm + 27 cm = ☐ cm

b] 98 cm − 36 cm = ☐ cm

86 cm − 24 cm = ☐ cm

45 cm − 18 cm = ☐ cm

3 Berechne den Längenunterschied.

a] 80 cm, 65 cm   80 cm − 65 cm = _15 cm_

b] 100 m, 75 m   100 m − 75 m = ☐

c] 1 m 20 cm, 1 m 35 cm   1 m 35 cm − 1 m 20 cm = ☐

4 Ergänze zu einem Meter.

a] 50 cm + _50 cm_

b] 10 cm + _____

c] 75 cm + _____

Beachte:
1 m = 100 cm

★ Längenangaben nach der Größe ordnen ★ mit Längenangaben rechnen
★ Längenunterschiede bestimmen
★ zu einem Meter ergänzen

1 Bestimme die Ergebnisse beim Weitwurf.

a Lies die Weiten für den 1. Wurf
aus der Zeichnung ab.
Trage sie in die Tabelle ein.

Name	1. Wurf
Mai-Lin	5 m
Anne	
Janek	
Patrick	
Lisa	

b Beim 2. Wurf haben die Kinder andere Ergebnisse erzielt:

Mai-Lin: 4 m mehr   Anne: 1 m mehr   Janek: 2 m weniger
Patrick: 3 m mehr   Lisa: 2 m weniger

Berechne die Weite für den 2. Wurf.
Trage die Rechnung in die Tabelle ein.

Name	2. Wurf
Mai-Lin	5 m + 4 m = 9 m
Anne	
Janek	
Patrick	
Lisa	

★ Weitwurfergebnisse ablesen sowie rechnerisch ermitteln und in einer Tabelle notieren

1 Schreibe zu jeder Rechengeschichte eine Rechnung und eine Antwort.
Die Skizzen helfen dir.

a) Lea und Tim laufen vom Baum aus in entgegengesetzte Richtungen.
Nach 5 Sekunden ist Lea 27 m und Tim 32 m gelaufen.

Wie weit sind die beiden voneinander entfernt?

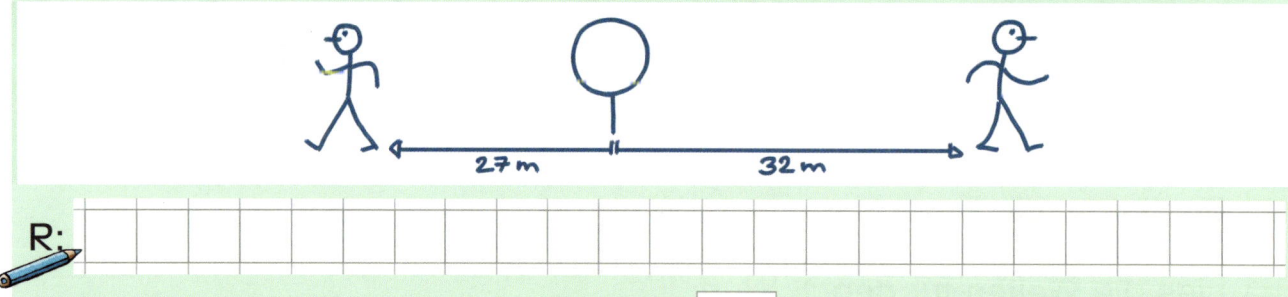

R:

A: Nach 5 Sekunden sind Lea und Tim ⬚ m voneinander entfernt.

b) Tim und Lea stehen 50 m weit auseinander.
Sie laufen aufeinander zu. Lea ist 20 m weit gelaufen, Tim 15 m.

Wie weit sind die beiden jetzt voneinander entfernt?

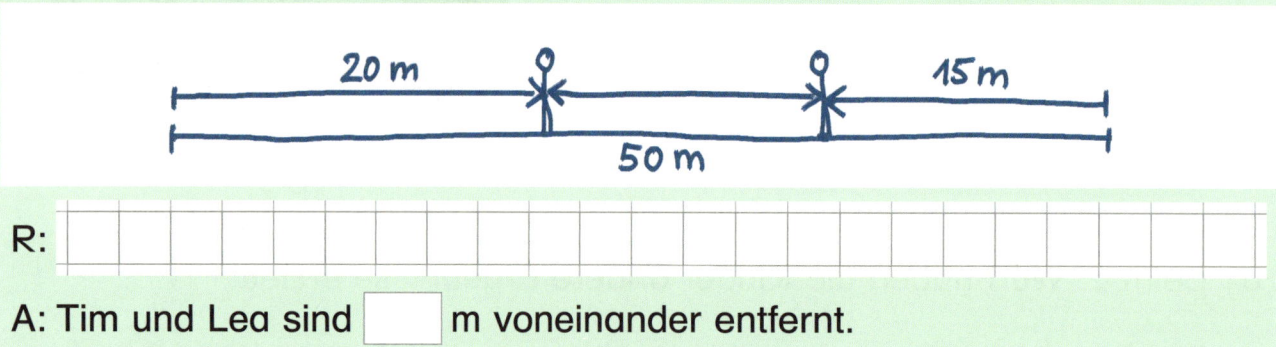

R:

A: Tim und Lea sind ⬚ m voneinander entfernt.

c) Ein Gärtner pflanzt Erdbeerpflanzen in eine Reihe.
Zwischen zwei Pflanzen lässt er immer 20 cm Abstand.

Wie groß ist der Abstand zwischen der ersten und der fünften Pflanze?

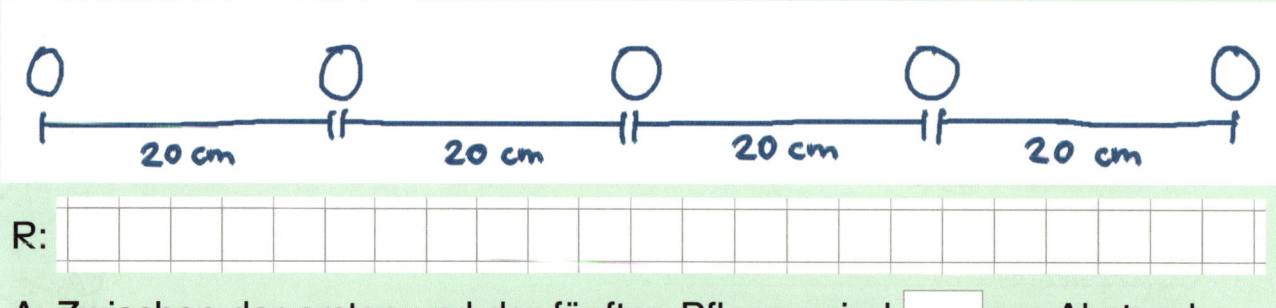

R:

A: Zwischen der ersten und der fünften Pflanze sind ⬚ cm Abstand.

★ Sachaufgaben zu Längenangaben mithilfe von Skizzen lösen,
in passende Rechenaufgaben übertragen und Antwortsätze ergänzen

Ich kontrolliere mit der **Umkehraufgabe.**

26 + 28 = 54, denn 54 − 28 = 26

62 − 25 = 37, denn 37 + 25 = 62

---

1 Schreibe die Plusaufgaben mit Ergebnis und die Umkehraufgaben auf.

a] 45 $\xrightarrow{+37}$ $\xleftarrow{-37}$ 82

45 + 37 = 82
82 − 37 = 45

b] 18 $\xrightarrow{+54}$ $\xleftarrow{-54}$ ☐

18 + 54 = ☐
☐ − ☐ = ☐

c] 27 $\xrightarrow{+26}$ $\xleftarrow{-26}$ ☐

☐ + ☐ = ☐
☐ − ☐ = ☐

2 Schreibe die Minusaufgaben mit Ergebnis und die Umkehraufgaben auf.

a] 65 $\xrightarrow{-17}$ $\xleftarrow{+17}$ 48

65 − 17 = 48
48 + 17 = 65

b] 46 $\xrightarrow{-29}$ $\xleftarrow{+29}$ ☐

46 − 29 = ☐
☐ + ☐ = ☐

c] 52 $\xrightarrow{-36}$ $\xleftarrow{+36}$ ☐

☐ − ☐ = ☐
☐ + ☐ = ☐

3 Löse die Aufgaben.
Kontrolliere die Ergebnisse mit der Umkehraufgabe.

a] 45 + 28 = 73 , denn 73 − 28 = 45

36 + 25 = ☐ , denn ☐ − ☐ = ☐

48 + 24 = ☐ , denn ☐ − ☐ = ☐

b] 56 − 38 = 18 , denn 18 + 38 = 56

91 − 53 = ☐ , denn ☐ + ☐ = ☐

74 − 28 = ☐ , denn ☐ + ☐ = ☐

★ Aufgaben und Umkehraufgaben ablesen und lösen
★ Plus- und Minusaufgaben lösen und Ergebnisse mithilfe der Umkehraufgabe kontrollieren

37

> Mit Zehnerzahlen kann ich schnell rechnen. Das hilft mir, wenn ich ein Ergebnis ungefähr ausrechnen oder überprüfen will.

Genaue Rechnung: $37 + 24 = 61$
Überschlagsrechnung: $40 + 20 = 60$

Die Rechnung mit Nachbarzehnern heißt **Überschlagsrechnung**.

Für die Überschlagsrechnung sucht man für jede Zahl den nächstliegenden Nachbarzehner. Das nennt man **Zahlen runden**.

Hat eine Zahl 5 Einer, liegt sie genau zwischen zwei Zehnerzahlen. Dann nimmt man den größeren Nachbarzehner.

---

1 Finde für die Zahlen den Nachbarzehner, den man bei der Überschlagsrechnung verwendet.

a] $62 \longrightarrow$ 60
$67 \longrightarrow$
$69 \longrightarrow$
$64 \longrightarrow$

b] $33 \longrightarrow$
$45 \longrightarrow$
$74 \longrightarrow$
$12 \longrightarrow$

c] $24 \longrightarrow$
$65 \longrightarrow$
$96 \longrightarrow$
$7 \longrightarrow$

2 Runde die Zahlen und schreibe die Überschlagsrechnung auf.

a] $33 + 29 = 62$
$30 + 30 = 60$

b] $19 + 23 = 42$
 $\square + \square = \square$

c] $28 + 28 = 56$
$\square + \square = \square$

d] $47 - 28 = 19$
$\square - \square = \square$

e] $76 - 48 = 28$
$\square - \square = \square$

f] $81 - 42 = 39$
$\square - \square = \square$

★ SF: Begriffe „Überschlagsrechnung" und „Zahlen runden" kennenlernen und verwenden
★ Rundungsregeln kennenlernen und anwenden
★ Zahlen runden und Überschlagsrechnungen erstellen

Überschlag:
40 + 30 = 70

Ja, mein Ergebnis
71 kann stimmen.

38+33=71

1 Prüfe, ob die Ergebnisse der Aufgaben richtig sein können.
Verbinde jede Aufgabe mit der passenden Überschlagsrechnung.

a)

57 + 24 = 81

72 + 19 = 91

29 + 53 = 72

30 + 50 = 80
72 kann
nicht richtig sein.

60 + 20 = 80
81 kann
richtig sein.

70 + 20 = 90
91 kann
richtig sein.

b)

92 − 28 = 64

68 − 32 = 26

81 − 28 = 53

80 − 30 = 50
53 kann
richtig sein.

90 − 30 = 60
64 kann
richtig sein.

70 − 30 = 40
26 kann
nicht richtig sein.

2 Überprüfe mit der Überschlagsrechnung,
ob die Ergebnisse stimmen können.

a)

64 + 29 = 93

$\boxed{60}$ + $\boxed{30}$ = $\boxed{90}$

☒ 93 kann stimmen
◯ 93 kann nicht stimmen

b)

38 + 13 = 61

☐ + ☐ = ☐

◯ 61 kann stimmen
◯ 61 kann nicht stimmen

c)

58 + 24 = 82

☐ + ☐ = ☐

◯ 82 kann stimmen
◯ 82 kann nicht stimmen

d)

93 − 39 = 54

☐ − ☐ = ☐

◯ 54 kann stimmen
◯ 54 kann nicht stimmen

e)

51 − 24 = 27

☐ − ☐ = ☐

◯ 27 kann stimmen
◯ 27 kann nicht stimmen

f)

82 − 23 = 69

☐ − ☐ = ☐

◯ 69 kann stimmen
◯ 69 kann nicht stimmen

1 Löse die Aufgaben.
Du kannst deine Rechenschritte aufschreiben.

a) $27 + 34 = $ ▢
$55 + 28 = $ ▢
$19 + 56 = $ ▢

b) $46 + 45 = $ ▢
$34 + 59 = $ ▢
$63 + 18 = $ ▢

c) $83 - 37 = $ ▢
$51 - 24 = $ ▢
$75 - 59 = $ ▢

d) $96 - 67 = $ ▢
$62 - 26 = $ ▢
$73 - 45 = $ ▢

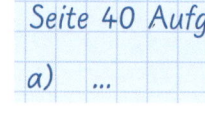

Seite 40 Aufgabe 1
a) ...

2 Rechne in Tabellen.

a)

+	43	24	18
27			
38			

b)

–	47	39	56
92			
84			

3 Löse die Zahlenmauern.

a)

16 | 17 | 24

b)

34 | 8 | 16

c)

27 | 18 | 23

d)

40 | 18 | 19

e)

17 | 27 | 11

f)

19 | 19 | 14

★ Plus- und Minusaufgaben lösen
★ Aufgaben in Rechentabellen lösen
★ Zahlenmauern ergänzen

4 Löse die Aufgabenreihen mit Plusaufgaben.
Setze die Reihen fort.

a)
16 + 18 = [34]
26 + 18 = [ ]
36 + 18 = [ ]
[46] + [ ] = [ ]
[ ] + [ ] = [ ]

b)
27 + 33 = [ ]
27 + 34 = [ ]
27 + 35 = [ ]
[ ] + [ ] = [ ]
[ ] + [ ] = [ ]

5 Löse die Aufgabenreihen mit Minusaufgaben.
Setze die Reihen fort.

a)
71 − 29 = [42]
72 − 29 = [ ]
73 − 29 = [ ]
[74] − [ ] = [ ]
[ ] − [ ] = [ ]

b)
86 − 23 = [ ]
86 − 33 = [ ]
86 − 43 = [ ]
[ ] − [ ] = [ ]
[ ] − [ ] = [ ]

6 Verbinde passend.
Die Überschlagsrechnung kann dir helfen.

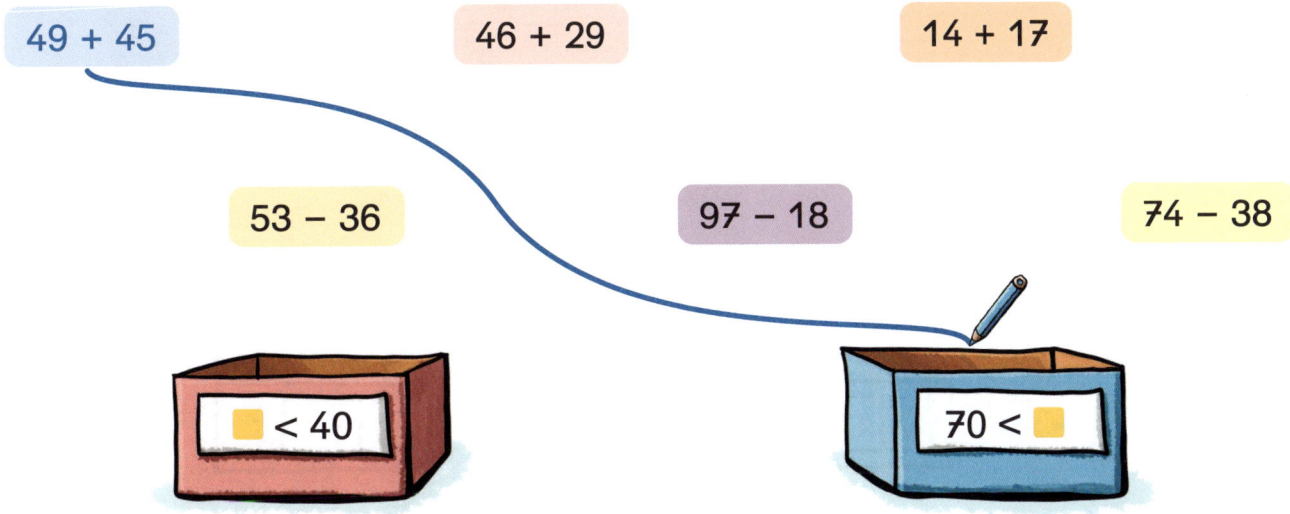

49 + 45   46 + 29   14 + 17

53 − 36   97 − 18   74 − 38

■ < 40   70 < ■

★ **MK:** Muster von Aufgabenreihen mit Plus- und Minusaufgaben erkennen und fortsetzen
★ Aufgaben nach Vorgabe passend zuordnen, Überschlagsrechnung nutzen

41

1 Finde zu drei Zahlen zwei Plusaufgaben und zwei Minusaufgaben.
Schreibe sie auf.

a)

89	75	14

75 + 14 = ☐
14 + 75 = ☐
89 − 14 = ☐
89 − 75 = ☐

b)

28	52	24

☐ + ☐ = ☐
☐ + ☐ = ☐
☐ − ☐ = ☐
☐ − ☐ = ☐

c)

63	8	55

☐ + ☐ = ☐
☐ + ☐ = ☐
☐ − ☐ = ☐
☐ − ☐ = ☐

2 Ordne Aufgabe und Ergebnis zu.

a)

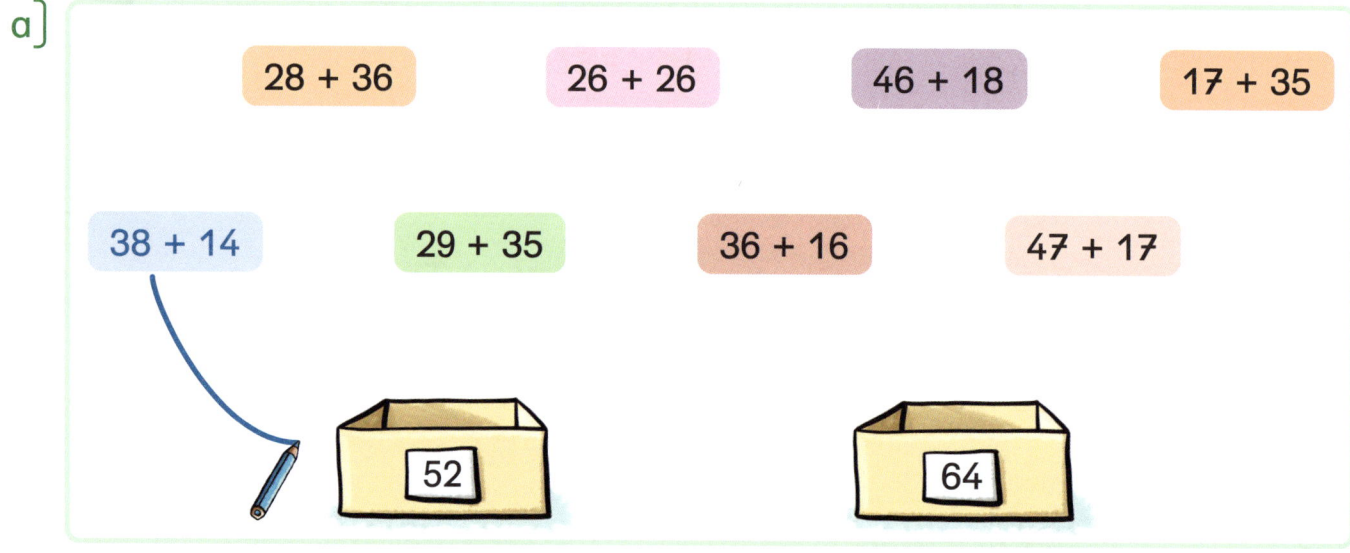

28 + 36   26 + 26   46 + 18   17 + 35

38 + 14   29 + 35   36 + 16   47 + 17

52   64

b)

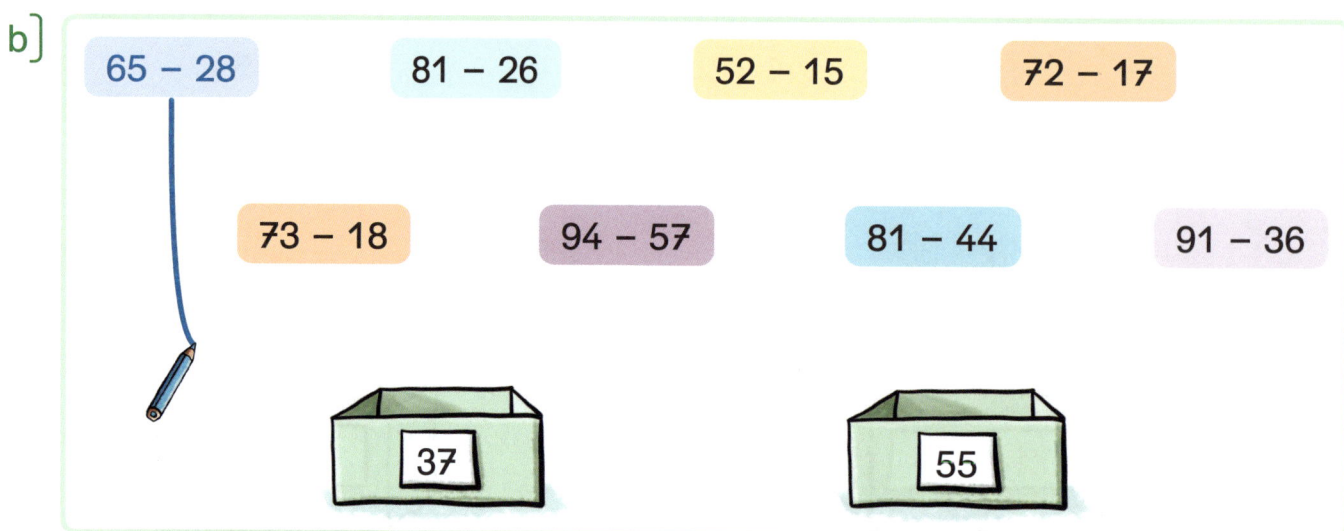

65 − 28   81 − 26   52 − 15   72 − 17

73 − 18   94 − 57   81 − 44   91 − 36

37   55

★ Aufgabenfamilien bilden
★ Plus- und Minusaufgaben lösen
★ Plus- und Minusaufgaben lösen, dem richtigen Ergebnis zuordnen

1 Vereinfache die Rechnung.
Markiere die Zahlen, die du zusammenfassen kannst.
Schreibe die vereinfachte Rechnung auf.

a) $53 + 29 + 11 = \boxed{93}$ $\boxed{53} + \boxed{40} = \boxed{93}$

$25 + 37 + \ 5 = \boxed{}$ $\boxed{} + \boxed{} = \boxed{}$

$48 + 12 + 24 = \boxed{}$ $\boxed{} + \boxed{} = \boxed{}$

$35 + 23 + 17 = \boxed{}$ $\boxed{} + \boxed{} = \boxed{}$

b) $57 - 15 - 27 = \boxed{15}$ $\boxed{30} - \boxed{15} = \boxed{15}$

$63 - 28 - 13 = \boxed{}$ $\boxed{} - \boxed{} = \boxed{}$

$78 - 13 - 18 = \boxed{}$ $\boxed{} - \boxed{} = \boxed{}$

$94 - 24 - 35 = \boxed{}$ $\boxed{} - \boxed{} = \boxed{}$

> Plus- und Minusaufgaben mit Zehnerzahlen sind einfach.

2 Vereinfache die Rechnung.
Schreibe die vereinfachte Rechnung auf.

a) $8 + 33 + 2 + 17 = \boxed{60}$ $\boxed{10} + \boxed{50} = \boxed{60}$

$14 + 5 + 15 + 26 = \boxed{}$ $\boxed{} + \boxed{} = \boxed{}$

$38 + 12 + 13 + 17 = \boxed{}$ $\boxed{} + \boxed{} = \boxed{}$

$37 + 9 + 13 + 1 = \boxed{}$ $\boxed{} + \boxed{} = \boxed{}$

b) $86 - 28 - 12 - 16 = \boxed{30}$ $\boxed{70} - \boxed{40} = \boxed{30}$

$65 - 15 - 13 - 17 = \boxed{}$ $\boxed{} - \boxed{} = \boxed{}$

$71 - 26 - 11 - 24 = \boxed{}$ $\boxed{} - \boxed{} = \boxed{}$

$78 - 18 - 25 - 15 = \boxed{}$ $\boxed{} - \boxed{} = \boxed{}$

★ Kettenaufgaben durch Zusammenfassen vereinfachen
★ zusammengefasste Aufgabenteile notieren

1 Löse die Aufgaben.
Setze <, > oder = passend ein.

a) $48 + 14$ ⧀<⧀ 68

$59 + 28$ ◯ 87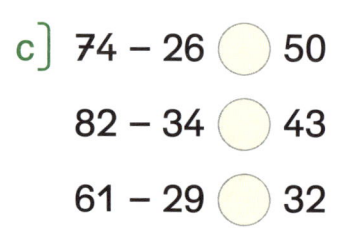

$27 + 29$ ◯ 53

b) $27 + 68$ ◯ 93

$17 + 54$ ◯ 71

$24 + 36$ ◯ 65

c) $74 - 26$ ◯ 50

$82 - 34$ ◯ 43

$61 - 29$ ◯ 32

d) $52 - 13$ ◯ 39

$43 - 24$ ◯ 18

$95 - 67$ ◯ 42

2 Löse die Aufgaben.
Trage passende Zahlen ein.

a) $38 + 27 =$ ⎹ 65 ⎸

$38 + 27 <$ ⎹ ⎸

$38 + 27 >$ ⎹ ⎸

b) $39 + 39 >$ ⎹ ⎸

$68 + 16 =$ ⎹ ⎸

$44 + 28 <$ ⎹ ⎸

c) $75 - 47 =$ ⎹ ⎸

$75 - 47 <$ ⎹ ⎸

$75 - 47 >$ ⎹ ⎸

d) $42 - 26 <$ ⎹ ⎸

$54 - 38 >$ ⎹ ⎸

$63 - 25 =$ ⎹ ⎸

3 Löse die Aufgaben.
Schreibe alle passenden Zahlen auf.

a) $86 +$ ■ < 95 0, 1, 2, 3, 4, 5, 6, 7, 8 _____

b) $38 +$ ■ < 46 _____

c) $94 -$ ■ > 86 _____

 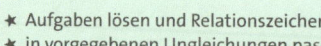

★ Aufgaben lösen und Relationszeichen passend einsetzen
★ in vorgegebenen Ungleichungen passende Zahlen einsetzen
★ alle möglichen Zahlen finden, die eine Ungleichung erfüllen

4 Gerade und ungerade Zahlen in Aufgaben untersuchen

1 Kreise alle geraden Zahlen grün und alle ungeraden Zahlen gelb ein.

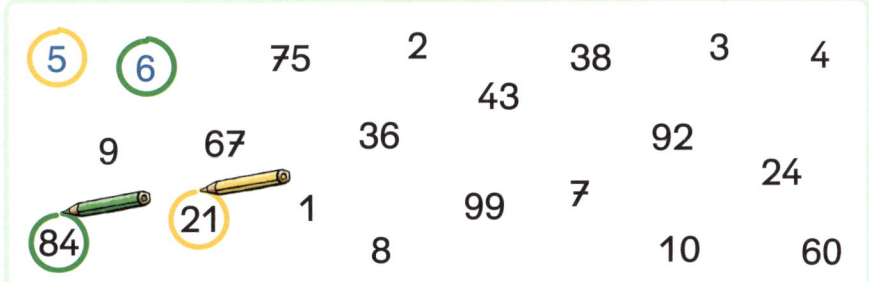

(5) (6)   75   2   38   3   4
                        43
    9   67   36   92   24
              1   99   7
(84) (21)   8   10   60

Betrachte
die Einer.

2 Löse die Aufgaben.
Kreise dann alle geraden Zahlen grün und alle ungeraden Zahlen gelb ein.

a) (36) + (12) = (48)

27 + 45 = ☐

68 + 23 = ☐

47 + 28 = ☐

b) 55 − 24 = ☐

72 − 36 = ☐

63 − 17 = ☐

84 − 25 = ☐

3 Verbinde die Satzteile passend.

Wenn bei Plus- und Minusaufgaben beide Zahlen gerade sind, ...

Wenn bei Plus- und Minusaufgaben beide Zahlen ungerade sind, ...

Wenn bei Plus- und Minusaufgaben eine Zahl gerade und eine Zahl ungerade ist, ...

... ist das Ergebnis gerade.

... ist das Ergebnis ungerade.

... ist das Ergebnis gerade.

4 Stelle ohne zu rechnen fest, ob das Ergebnis gerade oder ungerade ist.
Markiere das Ergebnissternchen in der passenden Farbe.

a) 27 + 35 = ☆

26 + 48 = ☆

37 + 54 = ☆

58 + 23 = ☆

b) 81 − 36 = ☆

72 − 48 = ☆

93 − 75 = ☆

84 − 37 = ☆

★ gerade und ungerade Zahlen kennzeichnen, auch in Plus- und Minusaufgaben
★ Einfluss von geraden und ungeraden Zahlen auf das Ergebnis von Plus- und
Minusaufgaben erkennen

1 Schreibe zu jedem Zahlenrätsel die passende Rechnung mit Lösung auf.
Die richtigen Ergebnisse findest du in den Sternen.

a) Meine Zahl ist
das Doppelte von 16.

$16 + 16 = 32$

 9

b) Meine Zahl ist
die Hälfte von 40.

☐ ◯ ☐ = ☐

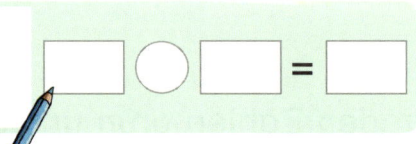 13

 20

c) Meine Zahl ist
um 15 kleiner als 73.

☐ ◯ ☐ = ☐

 24

d) Meine Zahl ist
um 16 größer als 58.

☐ ◯ ☐ = ☐

 3̶2̶

e) Meine Zahl ist der
Unterschied von 39 und 26.

☐ ◯ ☐ = ☐

58

f) Meine Zahl erhältst du,
wenn du 12 verdoppelst.

☐ ◯ ☐ = ☐

 74

g) Meine Zahl erhältst du,
wenn du 18 halbierst.

☐ ◯ ☐ = ☐

★ Zahlenrätsel in Aufgaben übertragen und lösen

Magische Quadrate

4	9	2
3	5	7
8	1	6

1	14	15	4
12	7	6	9
8	11	10	5
13	2	3	16

Magische Quadrate wurden vor einigen tausend Jahren in China und Indien entdeckt.

1 Erforsche magische Quadrate.

a Untersuche die Zeilen ▭ des magischen Quadrats.

4	9	2
3	5	7
8	1	6

$4 + 9 + 2 = \boxed{}$

$3 + 5 + 7 = \boxed{}$

$8 + 1 + 6 = \boxed{}$

b Untersuche die Spalten ▯.

4	9	2
3	5	7
8	1	6

$4 + 3 + 8 = \boxed{}$

$9 + 5 + 1 = \boxed{}$

$2 + 7 + 6 = \boxed{}$

c Untersuche die Diagonalen ◰.

4	9	2
3	5	7
8	1	6

$4 + 5 + 6 = \boxed{}$

$2 + 5 + 8 = \boxed{}$

d Finde heraus, was das Besondere an den magischen Quadraten ist. Du kannst dich mit anderen Kindern besprechen.

Tipp: Betrachte deine Ergebnisse aus **a** bis **c**.

2 Ergänze fehlende Zahlen.

a

9	14	7
	10	12
	6	

b

24		27
	18	
		12

1 Ordne den Situationen ⊕ oder ⊖ zu.

a)

(+) geschenkt bekommen

b)

◯ auspusten

c)

◯ aufessen

d)

◯ dazusetzen

e)

◯ platzen

f)

◯ dazulegen

★ bildlich dargestellten Handlungsabläufen die Rechenoperationen „plus" und „minus" zuordnen

1 Ordne den Rechengeschichten ⊕ oder ⊖ zu.
Schreibe die Handlungen auf.
Die Wörter findest du in den Sternen.

a)
In der Gruppe arbeiten
8 Kinder. 3 Kinder kommen
noch dazu. ⊕

dazukommen

b)
Auf der Fensterbank stehen
7 Blumentöpfe. Leider gehen
3 Blumentöpfe kaputt. ◯

c)
Im Regal stehen
30 Wörterbücher. 17 Kinder
holen sich je ein Wörterbuch. ◯

d)
An der Wand hängen
26 Bilder. Maja hängt
noch 13 Bilder dazu. ◯

e)
Anne hat 56 Fußballsticker.
13 Sticker schenkt sie ihrer
Freundin. ◯

f)
Max hat 36 Buntstifte.
12 Buntstifte leiht er seinem
Freund. ◯

wegnehmen

~~dazukommen~~

kaputtgehen

verschenken

verleihen

dazuhängen

2 Stellt auf einem Plakat
Handlungen für Plus- und
Minusaufgaben zusammen.

Tipp: Betrachtet dazu
Beispiele in Aufgabe **1**
und auf Seite 48.

⊕ dazukommen | ⊖ kaputtgehen

 ★ SF: in Rechengeschichten Verben als Signalwörter identifizieren und den Rechenoperationen
„plus" oder „minus" zuordnen ★ SF/MK: Signalwörter auf einem Plakat zusammenstellen

49

1 Finde zu den Rechengeschichten passende Mal- und Geteiltaufgaben.

a) Auf dem Sportplatz stehen 3 Gruppen mit jeweils 5 Kindern.

$3 \cdot 5 = 15$

b) 16 Kinder möchten Fußball spielen. Sie wählen 2 Mannschaften.

$\square \bigcirc \square = \square$

c) Janek holt Bälle aus der Turnhalle. Er geht 2-mal und holt immer 3 Bälle.

$\square \bigcirc \square = \square$

d) Beim Staffellauf möchten 24 Kinder mitlaufen. Immer 4 Kinder sind in einer Gruppe.

$\square \bigcirc \square = \square$

2 Überlege dir gemeinsam mit anderen Kindern Rechengeschichten.
Schreibt sie auf oder macht Fotos.
Ergänzt Fragen, Rechnungen und Antworten.

a eine Rechengeschichte zu einer Malaufgabe

b eine Rechengeschichte zu einer Geteiltaufgabe

Seite 50 Aufgabe 2

a) G: ...
   F: ...
   R: ...
   A: ...
b) ...

Ich verteile 36 Bonbons an 4 Kinder.

★ zu vorgegebenen Rechengeschichten passende Mal- und Geteiltaufgaben finden
★ SF: gemeinsam mit anderen Kindern Rechengeschichten formulieren und aufschreiben, Fragen, Rechnungen und Antwortsätze ergänzen

1 Ordne den Rechengeschichten ⊕ oder ⊖ zu.

a) Mai-Lin hat 28 Tierpostkarten.
Sie bekommt von Meral noch 13 geschenkt. ⊕

b) Tim hat 31 Tierpostkarten.
Er schenkt Paul 5 davon.

c) Janek hat 21 Tierpostkarten.
Ole hat 12 weniger.

d) Anne hat 15 Tierpostkarten mehr als Lea.
Lea hat 18 Tierpostkarten.

2 Ordne den Rechengeschichten ⊙ oder ⊙ zu.

a) Janek hat seine Postkarten sortiert.
Er hat 3 Stapel mit je 7 Postkarten. ⊙

b) Paul hat 8 Postkarten doppelt.
Diese verteilt er an 2 Freunde.

c) Tom hat 20 Tierpostkarten.
Er verpackt immer 5 in einen Briefumschlag.

d) Sofie klebt ihre Tierpostkarten in ein Heft ein.
Auf jede Seite klebt sie 4 Karten.
7 Seiten sind schon voll.

1 Ordne Rechengeschichte, Rechnung und Antwort passend zu.

Tim, Meral und Anne haben zusammen 27 Luftballons. Jeder hat gleich viele.

$27 + 3 = \boxed{}$

Jeder hat $\boxed{}$ Luftballons.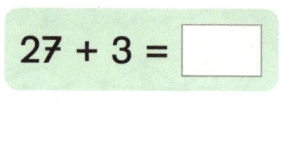

27 Kinder möchten beim Sackhüpfen mitmachen. 3 Kinder kommen noch dazu.

$27 : 3 = \boxed{9}$

Jetzt möchten $\boxed{}$ Kinder mitmachen.

Sofie hat den Kuchenstand mit 27 Luftballons geschmückt. 9 davon sind schon geplatzt.

$9 \cdot 3 = \boxed{}$

Es sind $\boxed{}$ Kinder.

Für den Staffellauf werden die Kinder in 9 Gruppen aufgeteilt. In jeder Gruppe sind 3 Kinder.

$27 - 9 = \boxed{}$

Es hängen noch $\boxed{}$ Luftballons.

Auswertung Bundesjugendspiele der Klassen 1c und 2c

Mädchen				Jungen			
Alter	Teil-nehmer	Sieger-urkunde	Ehren-urkunde	Alter	Teil-nehmer	Sieger-urkunde	Ehren-urkunde
6 Jahre	5	2	2	6 Jahre	5	2	1
7 Jahre	12	4	8	7 Jahre	11	2	6
8 Jahre	6	3	2	8 Jahre	8	4	3
gesamt	23	9	12	gesamt	24	8	10

1 In den Tabellen findest du viele Informationen.
Trage zuerst Zahlen ein, die du direkt ablesen kannst.
Finde dann eine passende Rechnung und ergänze die letzte Aussage.
Die richtigen Lösungen findest du in den Sternen.

a) Bei den Mädchen gab es [9] Siegerurkunden.

Bei den Jungen gab es [8] Siegerurkunden.

Bei den Mädchen gab es insgesamt
[1] Siegerurkunde _mehr_ als bei den Jungen.

R: $9 - 8 = 1$

b) Insgesamt haben [ ] Mädchen teilgenommen.

Insgesamt haben [ ] Jungen teilgenommen.

Insgesamt haben [ ] Kinder teilgenommen.

R: _____

c) Bei den 8-jährigen Jungen gab es [ ] Ehrenurkunden.

Bei den 7-jährigen Jungen gab es [ ] Ehrenurkunden.

Bei den 8-jährigen Jungen gab es _____ so viele
Ehrenurkunden wie bei den 7-jährigen Jungen.

R: _____

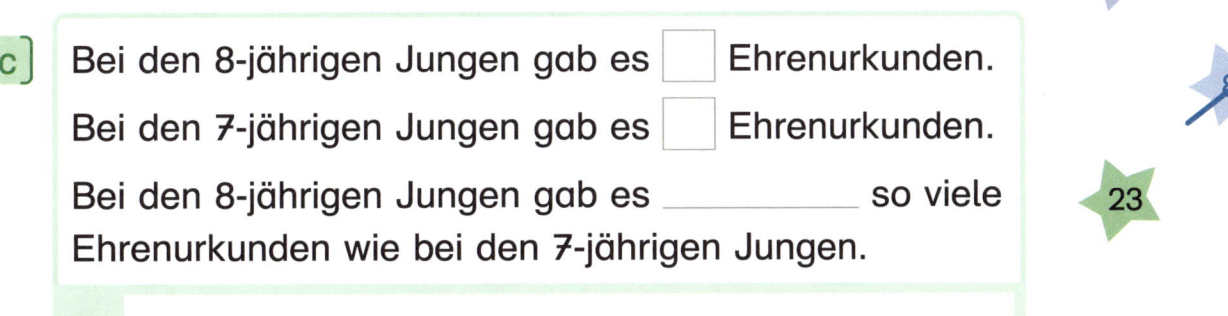

★ **MK:** einer Tabelle aufgabenbezogen relevante Informationen entnehmen
★ zu vorgegebenen Aussagen passende Rechnungen finden, Aussagen ergänzen

53

✋ **1** Suche dir ein anderes Kind. Zeigt euch gegenseitig im Wechsel die Scheine und Münzen und nennt ihren Wert.

Das sind 50 Euro.

2 Schreibe zu den Scheinen den Wert in Worten und abgekürzt auf.

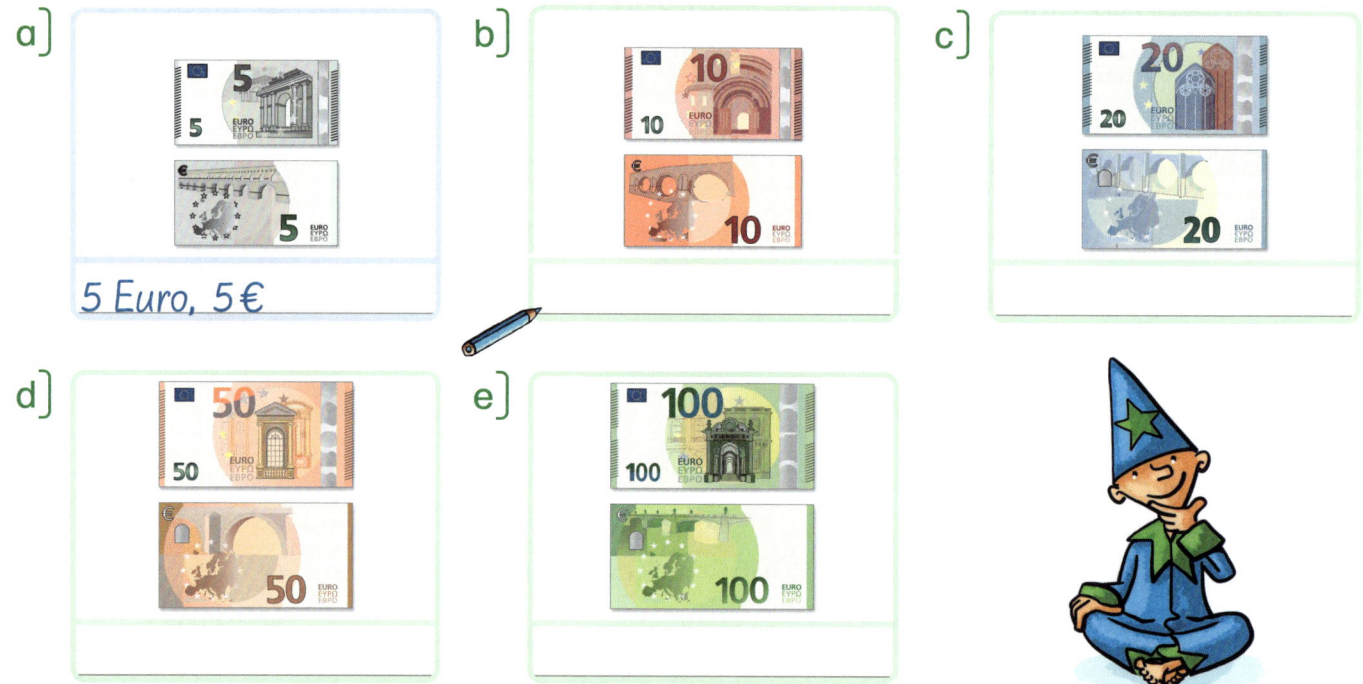

a) 5 Euro, 5 €

b)

c)

d)

e)

3 Schreibe zu den Münzen den Wert in Worten und abgekürzt auf.

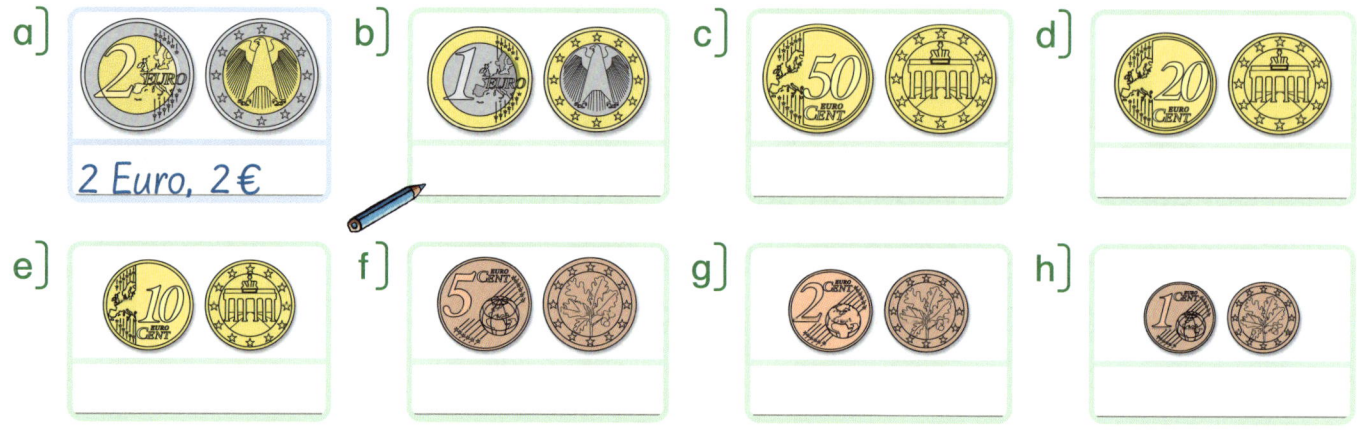

a) 2 Euro, 2 €

b)

c)

d)

e)

f)

g)

h)

€
B

★ **SF:** Werte von Scheinen und Münzen in den Einheiten Euro und Cent ermitteln, benennen und notieren
★ Abkürzungen „€" und „ct" verwenden

1 Bestimme die Geldbeträge.

a)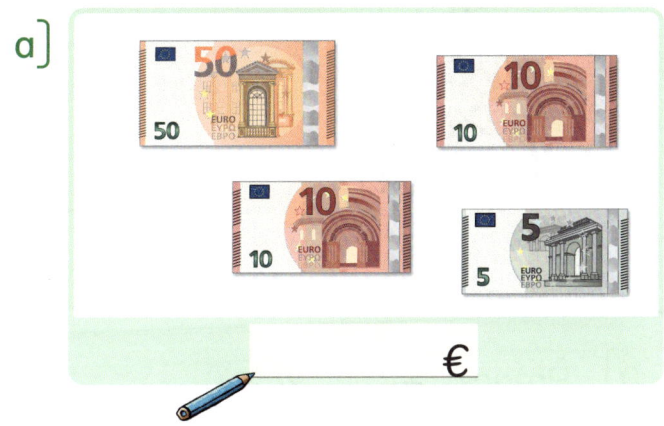

_____ €

b)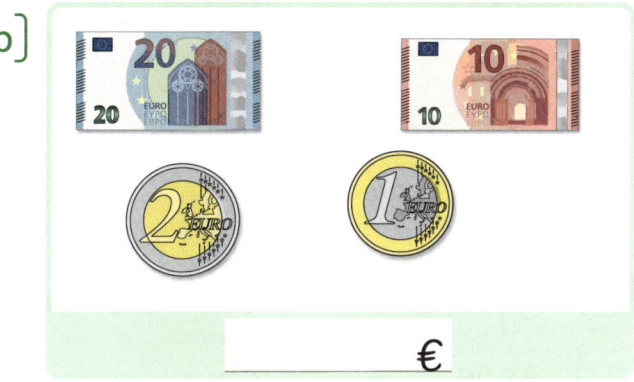

_____ €

c)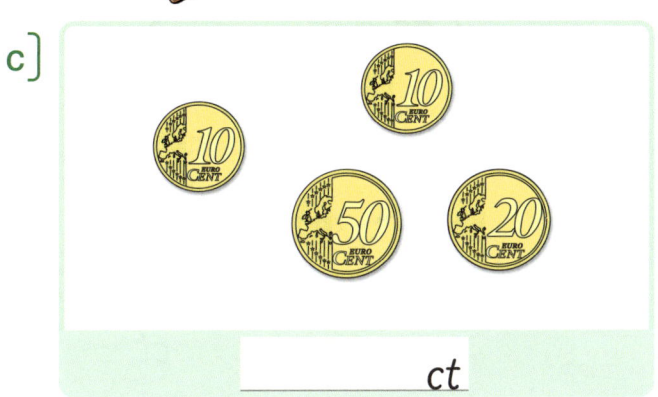

_____ ct

d)

_____ ct

2 Lege die Geldbeträge. Zeichne ein, wie du gelegt hast.

a)

90 €

b)

72 €

c)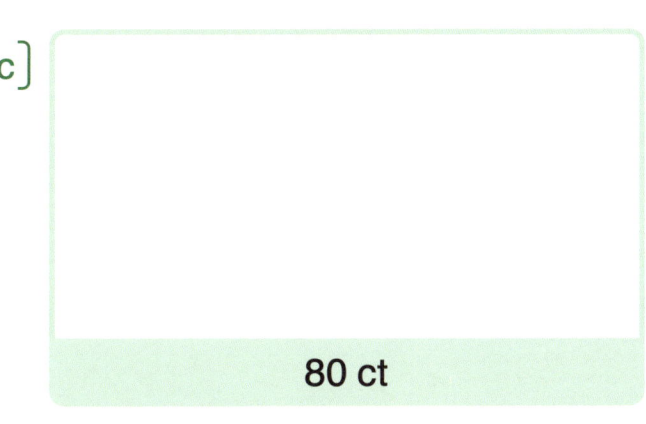

80 ct

d)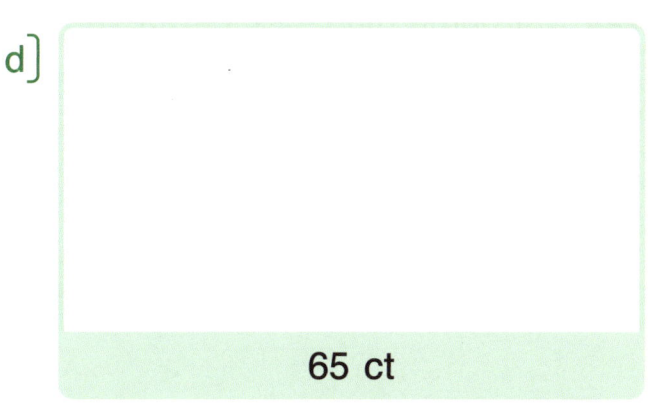

65 ct

★ den Wert der dargestellten Geldbeträge ermitteln
★ vorgegebene Geldbeträge zusammenstellen, legen und zeichnen

€
B

73 € 20 ct

Ich bestimme zuerst die Beträge in Euro und danach die Beträge in Cent.

1   Bestimme, wie viel Geld die Kinder in ihren Sparschweinen haben.

a) Anne

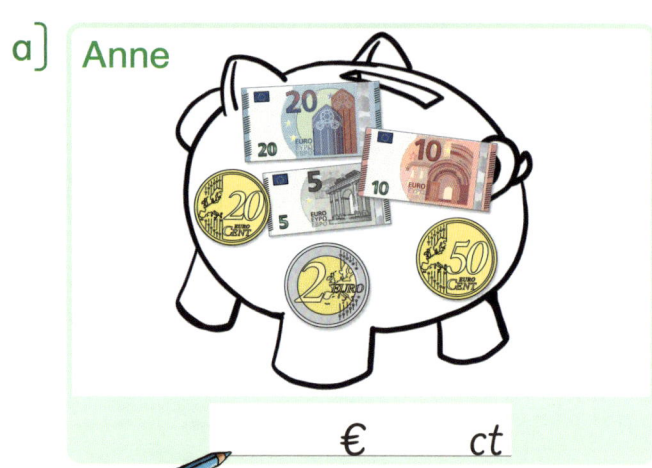

_____ € _____ ct

b) Patrick

_____ € _____ ct

c) Maja

_____ € _____ ct

d) Ole

_____ € _____ ct

2   Betrachte die Geldbeträge in Aufgabe ①.

a) Vergleiche und ergänze die Sätze.

Am meisten Geld hat _____.

Am wenigsten Geld hat _____.

b) Ordne die verschiedenen Geldbeträge aus Aufgabe ①.

_____ < _____ < _____

★ gemischte Geldbeträge in Euro und Cent ermitteln, notieren und vergleichen
★ Geldbeträge der Größe nach ordnen

1 Lege die Geldbeträge. Zeichne ein, wie du gelegt hast.

a)
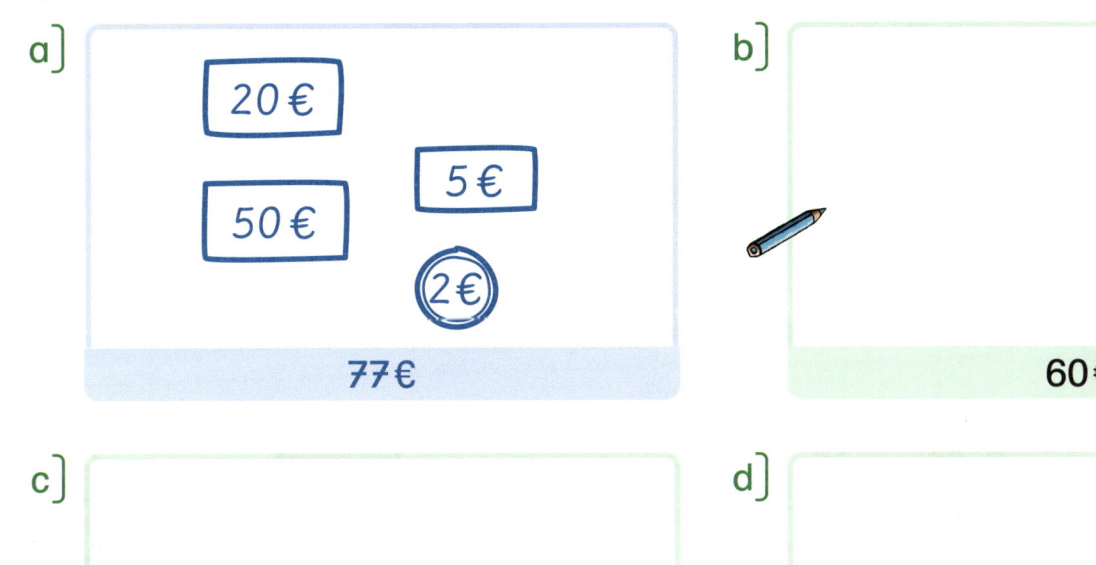

20 €

5 €

50 €

2 €

77 €

b)

60 €

c)

42 €

d)

51 € 25 ct

2 Finde passende Scheine und Münzen.

a)
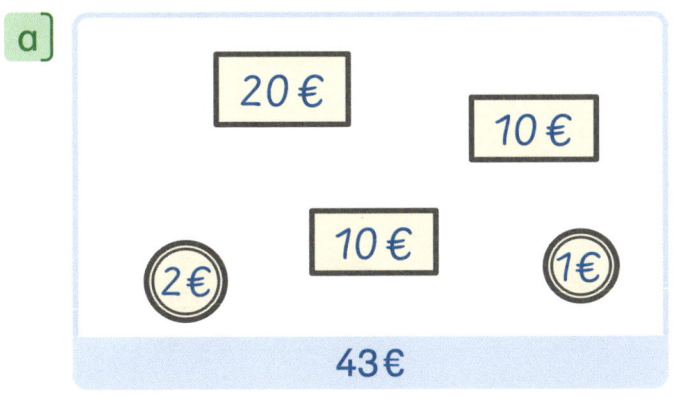

20 €

10 €

10 €

2 €

1 €

43 €

b)
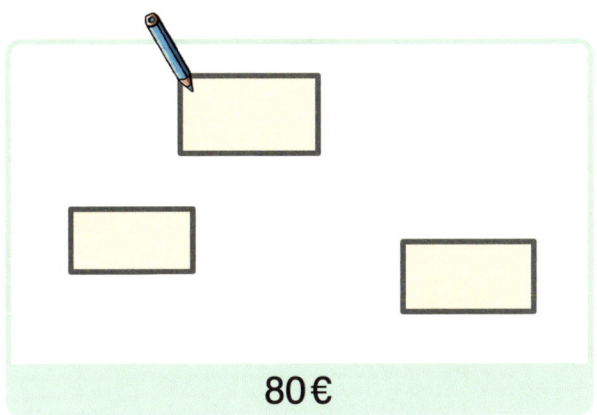

80 €

c)
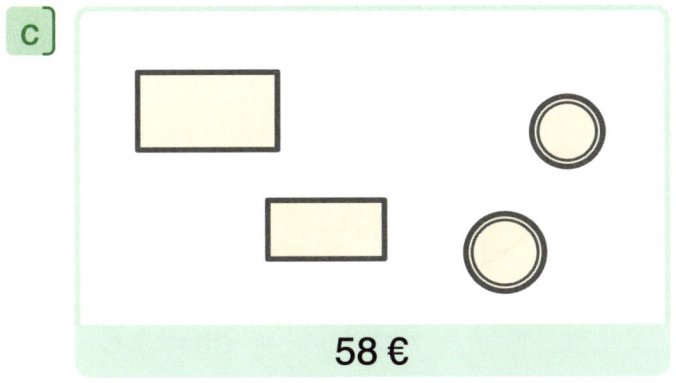

58 €

d)
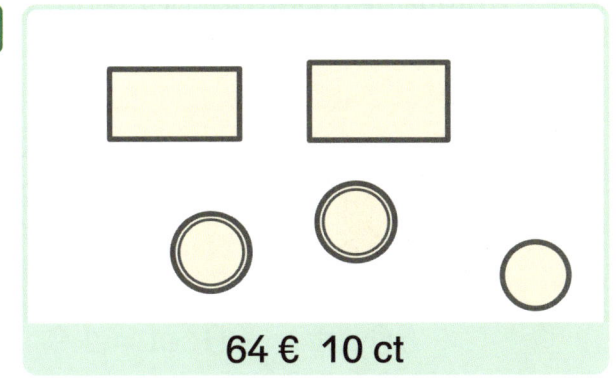

64 € 10 ct

> 1 Euro sind 100 Cent.
> 1 € = 100 ct

1 Suche dir ein anderes Kind.
Stellt mit verschiedenen Münzen den Betrag von einem Euro zusammen.

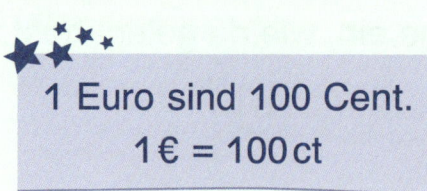

50 ct + 50 ct = 1 €

Fünf 20-Cent-Münzen ergeben einen Euro.

2 Kreise die Münzen ein, die zusammen einen Euro ergeben.

a)   b)   c)   d)

3 Ermittle den Betrag, der fehlt, damit im Geldbeutel genau ein Euro ist.
Lege, zeichne und rechne.

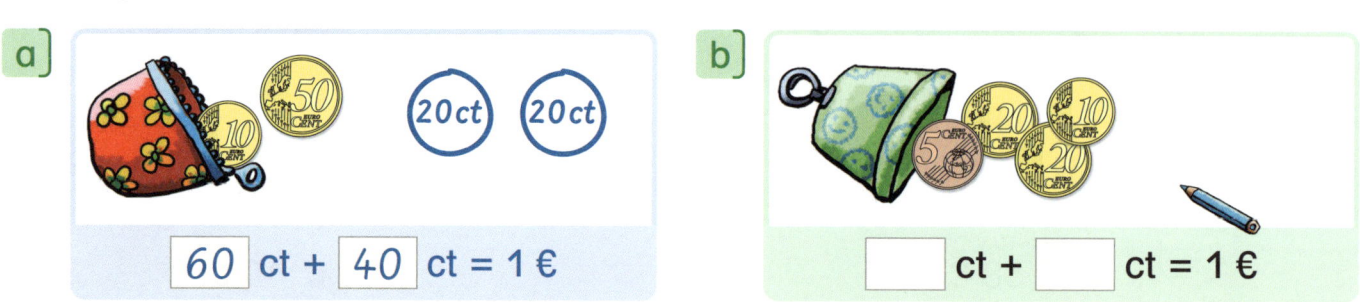

a)   60 ct + 40 ct = 1 €

b)   ☐ ct + ☐ ct = 1 €

€ B

★ 1 Euro mit Münzen unterschiedlich zusammenstellen
★ bei dargestellten Münzen jeweils den Betrag von einem Euro finden und einkreisen
★ dargestellte Geldbeträge ermitteln und zeichnerisch sowie rechnerisch zu 1 Euro ergänzen

1 Kreise die Scheine ein, die zusammen 100 Euro ergeben.

a)
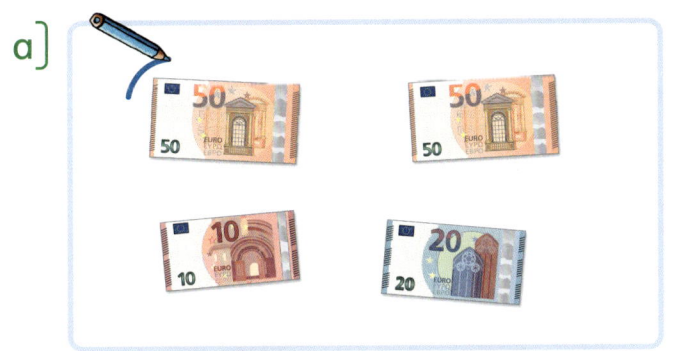

b)
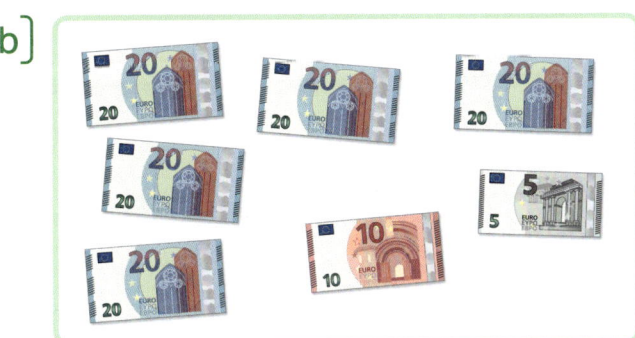

c)
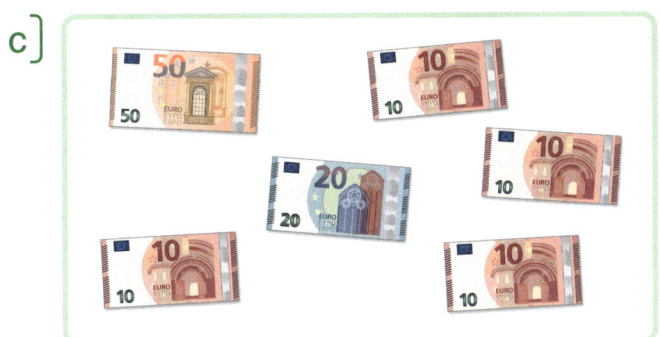

d)

2 Stelle 100 Euro mit Scheinen zusammen.
Trage ein, welche Scheine es sein können.

a)
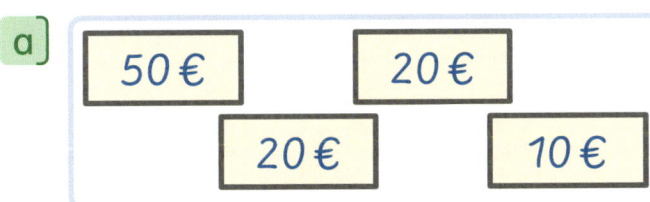

b)
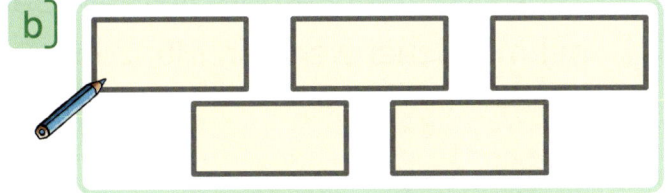

3 Ermittle den Betrag, der zu 100 Euro fehlt.
Lege, zeichne und rechne.

a)

80 € + ____ € = 100 €

b)

____ € + ____ € = 100 €

★ 100 Euro unterschiedlich zusammenstellen ★ jeweils den Betrag von 100 Euro finden
und einkreisen ★ 100 Euro nach Vorgabe mit Scheinen zusammenstellen ★ dargestellte
Geldbeträge ermitteln und zeichnerisch sowie rechnerisch zu 100 Euro ergänzen

€
B
59

6 Geldbeträge nach Vorgabe zusammenstellen

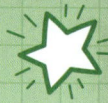

1 Ermittle den Geldbetrag.
Zeichne den gleichen Betrag mit nur einer Münze.

a)
50 ct

b)
____ €

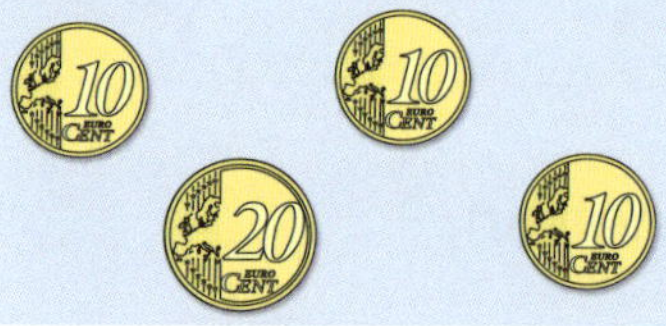

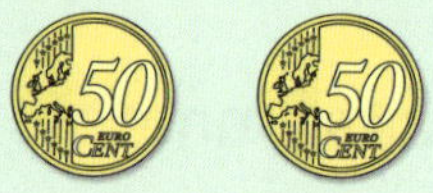

c)
____ ct

d)
____ €

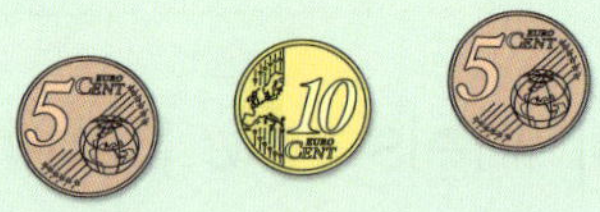

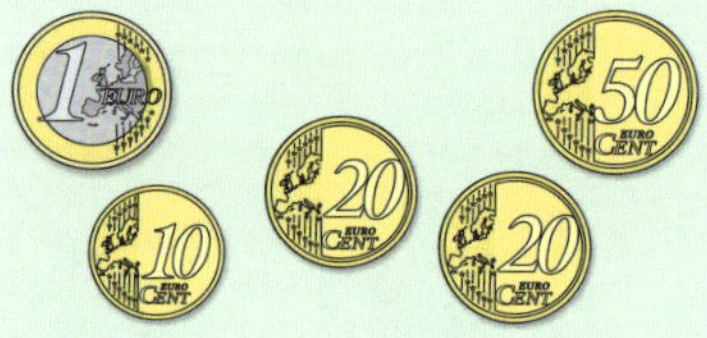

e)
____ ct

f)
____ ct

2 Ermittle den Geldbetrag.
Lege und zeichne den gleichen Betrag
mit möglichst wenigen Münzen und Scheinen.

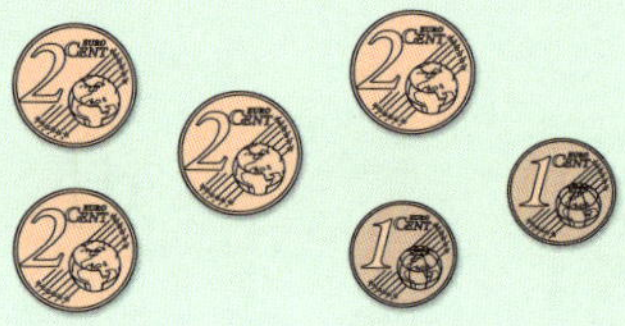

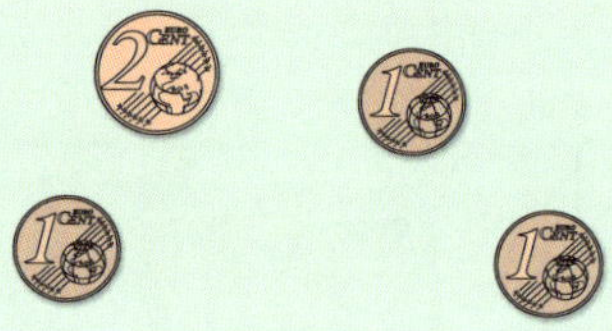

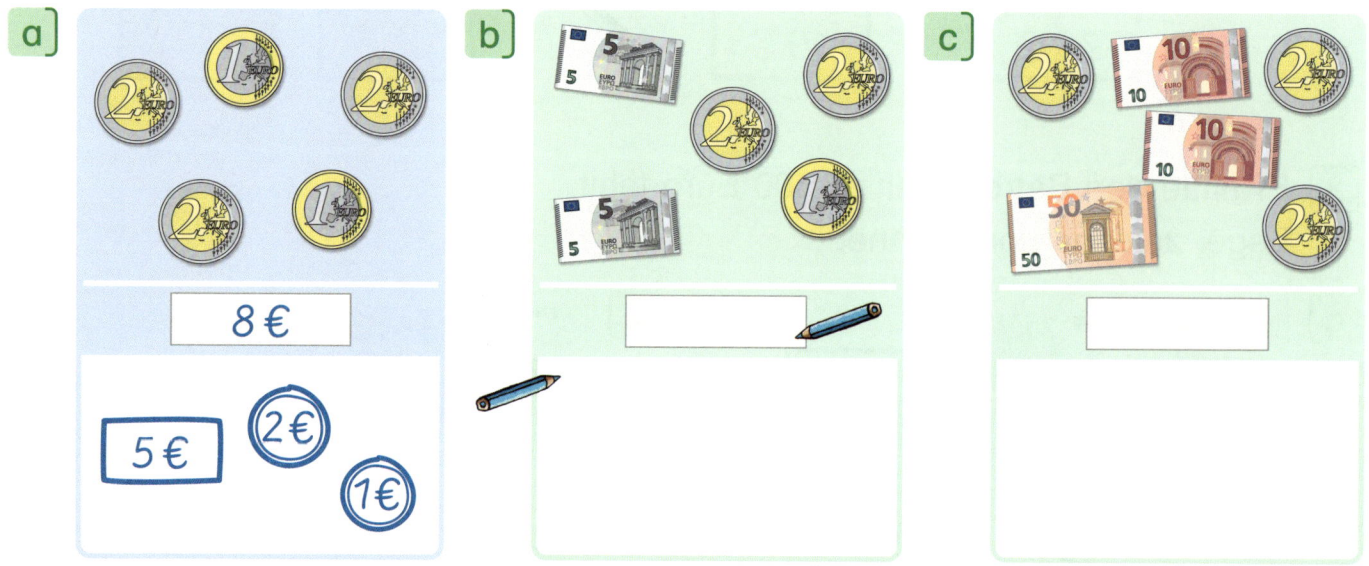

a)
8 €

5 € 2€ 1€

b)

c)

★ vorgegebene Geldbeträge ermitteln und mit möglichst wenigen Münzen und Scheinen neu zusammenstellen

1 Besorge dir Prospekte.
Schneide verschiedene
Dinge und ihre Preise aus
und gestalte ein Plakat.
Schreibe die Preise dazu.
Du kannst die Preise auf
Euro-Beträge runden.

2 Überlege dir, welche Preise zu welchen Dingen passen könnten. Verbinde.

| 39€ | 80 ct | 3€ | 10€ | 1€ | 10 ct | 90€ |

3 Schreibe auf, welche einzelnen Dinge du dir kaufen kannst,
wenn du folgende Beträge hast.
Nutze dazu auch dein Plakat.

a 1€ _____

_____

b 10€ _____

_____

★ **MK:** Plakat mit Prospektausschnitten und Preisen gestalten
★ Preisangaben und Produkte passend zuordnen
★ für verschiedene Geldwerte passende Repräsentanten finden

1 Berechne, wie viel die Kinder bezahlen müssen.

a) Lea kauft:

R: ☐ € + ☐ € = ☐ €

A: Lea muss ☐ € bezahlen.

b) Janek kauft:

R: ☐ € + ☐ € = ☐ €

A: Janek muss ☐ € bezahlen.

c) Max kauft:

R: ☐ € + ☐ € = ☐ €

A: Max muss ☐ € bezahlen.

d) Maja kauft:

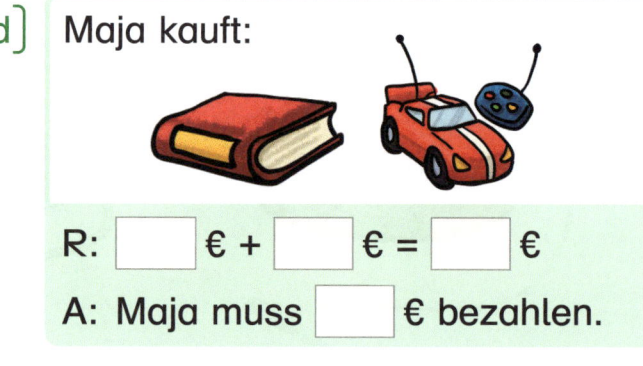

R: ☐ € + ☐ € = ☐ €

A: Maja muss ☐ € bezahlen.

2 Überlege dir, was du kaufen möchtest.
Berechne, was du bezahlen musst.

Ich kaufe:

R: _____

A: Ich muss ☐ € bezahlen.

★ Gesamtpreis in bildlich dargestellten Einkaufssituationen ermitteln, SF: Antwortsatz
ergänzen ★ selbst Einkaufssituation darstellen und Gesamtpreis ermitteln

> *Ich gebe dem Mann an der Kasse 20 €.*
> *Das Buch kostet aber nur 12 €.*
> *Den Rest bekomme ich zurück.*
> *Das ist mein Rückgeld.*

Das Rückgeld kannst du auf zwei unterschiedliche Arten berechnen:

Als Minusaufgabe	Als Ergänzungsaufgabe
20€ − 12€ = 8€	12€ + 8€ = 20€

---

1 Ermittle das Rückgeld.

a) Tim kauft:    Tim gibt:

Rückgeld: ☐ €

b) Mai-Lin kauft:    Mai-Lin gibt:

Rückgeld: ☐ €

---

2 Berechne das Rückgeld.
Schreibe deine Rechnung auf.

a) Lena kauft:    Lena gibt: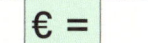

☐ € ◯ ☐ € = ☐ €

Rückgeld: ☐ €

b) Paul kauft:    Paul gibt:

☐ € ◯ ☐ € = ☐ €

Rückgeld: ☐ €

★ Rückgeld zu dargestellten Einkaufssituationen berechnen
★ Rückgeldberechnung als Minusaufgabe oder additive Ergänzungsaufgabe notieren

1 Schreibe zu jeder Rechengeschichte die Rechnung und die Antwort auf.

a) Lisa möchte die Autorennbahn und den Teddy kaufen.
Wie viel kostet das zusammen?

R: [48] € (+) [15] € = [63] €

A: Zusammen kostet es [63] €.

b) Tim möchte die Spielesammlung und den Elefanten kaufen.
Wie viel kostet das zusammen?

R: [ ] € ◯ [ ] € = [ ] €

A: Zusammen kostet es [ ] €.

c) Mai-Lin kauft die Ritterburg. Sie bezahlt mit einem 100-Euro-Schein.
Wie viel Geld bekommt sie zurück?

R: [ ] € ◯ [ ] € = [ ] €

A: Mai-Lin bekommt [ ] €. zurück.

d) Max kauft den Bagger. Er bezahlt mit einem 50-Euro-Schein.
Wie viel bekommt er zurück?

R: [ ] € ◯ [ ] € = [ ] €

A: Max bekommt [ ] €. zurück.

2 Schreibe eine eigene Rechengeschichte.
Prüfe, ob sie lösbar ist. Suche dir ein anderes Kind,
das sie löst. Kontrolliert gemeinsam.

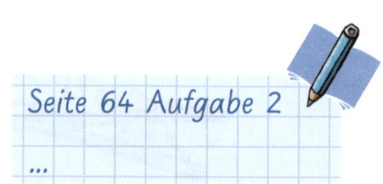

Seite 64 Aufgabe 2
...

64   AH 62   ÜH 62   D 76

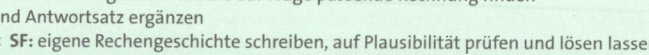

★ bei Einkaufsgeschichten die zur Frage passende Rechnung finden und Antwortsatz ergänzen
★ SF: eigene Rechengeschichte schreiben, auf Plausibilität prüfen und lösen lassen

1 Finde eine passende Rechnung und ergänze den Antwortsatz.

a) Tim möchte sich ein Auto
und einen Lastwagen kaufen.

9 Euro   15 Euro

Wie viel kostet das zusammen?

R: 9 € ◯ ☐ = ☐

A: Zusammen kostet es ☐ €.

b) Janek hat 45 Euro gespart.
Er kauft sich einen
Tischtennisschläger.

15 Euro

Wie viel Geld hat er noch?

R: ☐ ◯ ☐ = ☐

A: Janek hat noch ☐ €.

c) Maja spart für Inline-Skates.
Sie hat schon 50 Euro gespart.

79 Euro

Wie viel muss Maja noch sparen?

R: ☐ ◯ ☐ = ☐

A: Maja muss noch ☐ € sparen.

d) Der Vater kauft für Meral
einen Füller. Er bezahlt
mit einem 50-Euro-Schein.

18 Euro

Wie viel Geld bekommt er zurück?

R: ☐ ◯ ☐ = ☐

A: Merals Vater bekommt ☐ €
zurück.

1 Aus den Bauklötzen kannst du verschiedene Häuser zusammensetzen.

a) Zeichne alle Möglichkeiten auf.

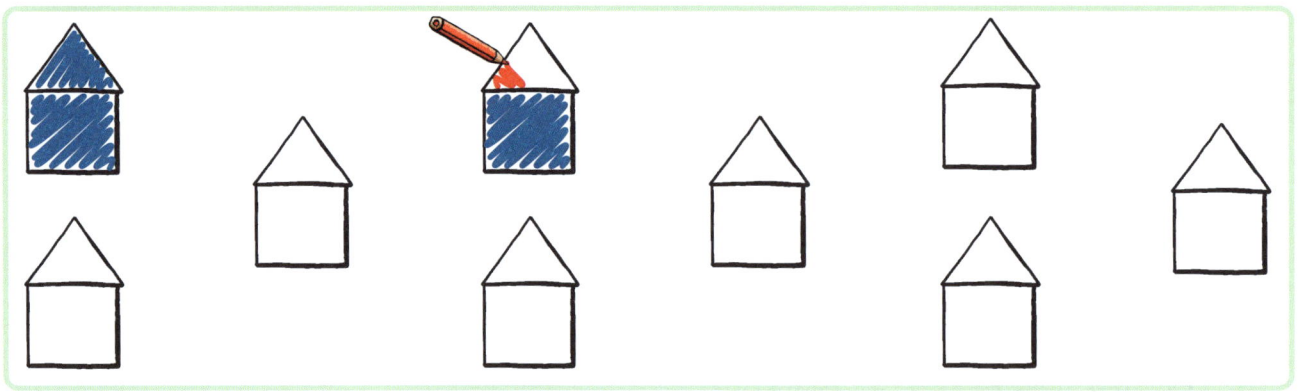

b) Trage in die Tabelle alle Möglichkeiten ein.

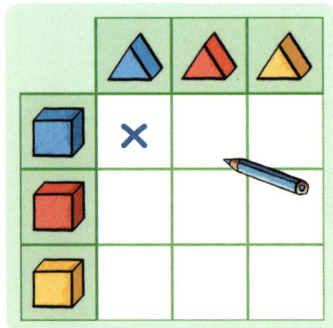

c) Bestimme die Anzahl der Möglichkeiten.

Es gibt ⬚ Möglichkeiten.

d) Das Dach soll immer eine andere Farbe als der Würfel haben.
Bestimme die Anzahl der Möglichkeiten. Die Tabelle in b) hilft dir.

Es gibt ⬚ Möglichkeiten.

✴ aus drei unterschiedlich farbigen Bauklötzen verschiedene Häuser zusammenstellen
✴ alle Möglichkeiten finden, zeichnen und in einer Tabelle notieren,
Anzahl der Möglichkeiten bestimmen

1 Suche dir drei andere Kinder. Begrüßt euch gegenseitig mit Abklatschen. Bestimmt, wie oft ihr abklatschen müsst, bis sich alle begrüßt haben.

2 Kinder – 1 Mal abklatschen

2 Die vier Kinder Tim, Lea, Maja und Paul haben sich gegenseitig begrüßt. Tim hat eine Skizze gemacht. Lea hat eine Tabelle angelegt.

Lea und Paul haben sich schon begrüßt.

Keiner begrüßt sich selbst.

	Tim	Lea	Maja	Paul
Tim		×	×	×
Lea			×	×
Maja				×
Paul				

a) Betrachte mit einem Partnerkind Tims Skizze und Leas Tabelle. Besprecht, was euch auffällt.

b) Bestimme die Anzahl der Begrüßungen. Tims Skizze und Leas Tabelle helfen dir.

Es sind insgesamt ☐ Begrüßungen.

★ mit drei anderen Kindern sich gegenseitig per Handschlag begrüßen
★ alle Kombinationen finden, in einem Pfeilbild darstellen und in einer Tabelle notieren

Es ist *sicher*, dass ich ein Zauberer bin.
Es ist *möglich, aber nicht sicher*, dass ich richtige Ergebnisse zaubern kann.
Es ist *unmöglich*, dass ich fliegen kann.

sicher **möglich** **unmöglich**

---

1 Bestimme, ob die Aussage sicher oder unmöglich ist.
Kreuze an.

	sicher	unmöglich
Alle Dreiecke haben drei Ecken.	X	
Silvester ist am 31. Dezember.		
Mein Vater ist jünger als ich.		
1 Meter sind 100 Zentimeter.		
Weihnachten ist im August.		
Nach Sonntag kommt Montag.		

2 Bestimme, ob die Aussage sicher, möglich oder unmöglich ist.
Kreuze an.

	sicher	möglich	unmöglich
Wenn ich dreimal würfle, bekomme ich eine Sechs.		X	
Alle Rechtecke haben 4 Seiten.			
Auf dem Schulweg sieht Lisa ein rotes Auto.			
Jeder Tag hat 24 Stunden.			
Morgen scheint die Sonne.			
Tim springt beim Weitsprung 10 m weit.			

7   Wahrscheinlichkeit von Handlungsergebnissen überlegen

1 Meral nimmt mit verbundenen Augen vier Gummibärchen vom Teller.
Entscheide, ob die Aussage sicher, möglich oder unmöglich ist.

	sicher	möglich	unmöglich
Drei Gummibärchen sind rot, eins ist gelb.		✗	
Alle vier Gummibärchen sind gelb.			
Alle vier Gummibärchen sind rot.			
Zwei Gummibärchen sind rot, zwei sind gelb.			
Drei Gummibärchen sind gelb, eins ist rot.			
Mindestens ein Gummibärchen ist gelb.			

2 Jetzt nimmt Meral vier Gummibärchen
von diesem Teller.
Entscheide, ob die Aussage sicher,
möglich oder unmöglich ist. Verbinde.

Alle Gummibärchen sind gelb.   sicher

Zwei Gummibärchen sind rot, zwei sind gelb.   möglich

Mindestens ein Gummibärchen ist rot.   unmöglich

★ die Wahrscheinlichkeit von Handlungsergebnissen bewerten
★ SF: zum vorhergesagten Handlungsergebnis treffende Aussagen formulieren

 ÜH 64   **69**

1 Janek nimmt mit verbundenen Augen ein Gummibärchen von einem Teller. Gib den Buchstaben des Tellers an, von dem Janek das Gummibärchen nehmen muss, damit die Aussage stimmt.

A   B   C

a) Es ist wahrscheinlich, dass er ein gelbes Gummibärchen erhält.
Teller _A_

b) Es ist unwahrscheinlich, dass er ein gelbes Gummibärchen erhält.
Teller ___

c) Es ist wahrscheinlich, dass er ein rotes Gummibärchen erhält.
Teller ___

d) Es ist unwahrscheinlich, dass er ein rotes Gummibärchen erhält.
Teller ___

2 Bestimme, von welchem Teller die Kinder ein Gummibärchen nehmen müssen, um ihr Wunsch-Gummibärchen zu bekommen. Verbinde.

Ich mag nur rote Gummi-bärchen.

Ich mag gelbe und grüne Gummibärchen.

Ich mag keine gelben Gummi-bärchen.

A

B

C

AH 64

D 79

★ zu vorhergesagten Handlungsergebnissen jeweils eine passende Ausgangssituation zuordnen ★ zu vorhergesagten Handlungsergebnissen jeweils eine passende Ausgangssituation erstellen

Themenheft 4

⭐ Addition und Subtraktion ⭐ Längen ⭐ Sachaufgaben Teil 4 ⭐ Geld
⭐ Kombinatorik und Wahrscheinlichkeit

Erarbeitet von: Roland Bauer und Jutta Maurach

Redaktion: Sophie Arndt, Agnetha Heidtmann, Friederike Thomas

Illustration: Yo Rühmer

Grafiken (Scheine und Münzen): Christine Wächter

Umschlaggestaltung: Cornelia Gründer, agentur corngreen, Leipzig

Layout und technische Umsetzung: lernsatz.de

Bildquellen: **Euro-Scheine:** Cornelsen/Christine Wächter/Deutsche Bundesbank. **Euro- und Cent-Münzen-Wertseite:** Cornelsen/Christine Wächter/Deutsche Bundesbank/ Luc Luycx aus Belgien. **Nationale 1- und 2-Euro-Seite:** Cornelsen/Christine Wächter/Deutsche Bundesbank/Heinz Hoyer und Sneschana Russewa-Hoyer. **Nationale 10-, 20-, 50-Cent-Seite:** Cornelsen/Christine Wächter/Deutsche Bundesbank/Reinhart Heinsdorff. **Nationale 1-, 2-, 5-Cent-Seite:** Cornelsen/ Christine Wächter/Deutsche Bundesbank/Prof. Rolf Lederbogen.

Begleitmaterialien für Lernende der zweiten Klasse

Einstern 2 Paket Verbrauchsmaterial	978-3-06-084735-8
Einstern 2 *leicht gemacht*	
Paket Verbrauchsmaterial	978-3-06-084741-9
Arbeitsheft	978-3-06-084758-7
Übungssternchen	978-3-06-084732-7

BigBook	978-3-06-084796-9
BuchTaucher-App	978-3-06-084762-4
Interaktive Übungen	978-3-06-084767-9
GrundschulTrainer-App	978-3-06-084449-4

 scook

Deine **interaktiven Gratis-Übungen** findest du hier:

1. Gehe auf scook.de.
2. Gib den unten stehenden Zugangscode in die Box ein.
3. Hab viel Spaß mit deinen Gratis-Übungen.

Dein Zugangscode auf
www.scook.de | fgocr-n465g

www.cornelsen.de

1. Auflage, 2. Druck 2022

Alle Drucke dieser Auflage sind inhaltlich unverändert und können im Unterricht nebeneinander verwendet werden.

© 2021 Cornelsen Verlag GmbH, Berlin

Druck: Athesiadruck GmbH

ISBN 978-3-06-084722-8
ISBN 1100027549 (Themenhefte 1–4 *leicht gemacht* und Diagnose-Sternchen als E-Book)

PEFC zertifiziert
Dieses Produkt stammt aus nachhaltig bewirtschafteten Wäldern und kontrollierten Quellen.
www.pefc.de

PEFC/18-31-166

Vorschläge für Plenumsphasen zum vertiefenden Erwerb prozessbezogener Kompetenzen

S. 6/10/16/20 Kinder beschreiben an Beispielen ihre Rechenschritte, vergleichen und bewerten unterschiedliche Vorgehensweisen; mithilfe der Sprachvorbilder benennen sie Kriterien guter Beschreibungen (S. 10 →BigBook: Seite 32; S. 20 →BigBook: Seite 34)

S. 11/21 Kinder stellen an ausgewählten Beispielaufgaben die Rechenschritte beim vorteilhaften Rechnen mit 9 Einern vor und begründen diese; sie finden weitere Aufgaben, bei denen der Rechenvorteil genutzt werden kann

S. 13/23 Kinder stellen Fehlerquellen und Vermeidungsstrategien vor

S. 24 Kinder erkennen, dass Angaben zur Breite und zur Höhe von Gegenständen auch Längenangaben sind; sie tauschen sich über unterschiedliche Möglichkeiten des indirekten Vergleichs aus oder stellen erprobte Vorgehensweisen vor

S. 25 Kinder stellen Ergebnisse von Längenbestimmungen mit Körpermaßen vor, vergleichen diese und leiten daraus die Einsicht für die Notwendigkeit genormter Maßeinheiten ab

S. 32 Kinder stellen die gefundenen Repräsentanten vor und beschreiben deren Nutzen beim Schätzen von Längen

S. 39 Kinder stellen die Vorgehensweise beim Runden von Zahlen und beim Erstellen der Überschlagsrechnung vor; sie erkennen und beschreiben Möglichkeiten und Grenzen beim Kontrollieren mit der Überschlagsrechnung

S. 43 Kinder stellen an Beispielen Möglichkeiten zum Vereinfachen von Aufgaben durch Zusammenfassen vor

S. 45 Kinder identifizieren in beispielhaft ausgewählten Plus- und Minusaufgaben gerade und ungerade Zahlen; sie beschreiben und begründen Zusammenhänge in Bezug auf das Ergebnis

S. 47 Kinder erklären die mathematischen Beziehungen in magischen Quadraten und erklären ihren Lösungsweg

S. 49 Kinder stellen ihre Plakate mit den Signalwörtern für Plus- und Minusaufgaben vor

S. 49/50/62/64 Kinder stellen selbst erstellte Rechengeschichten vor (S. 49/50 →BigBook: Seite 36; S. 64 →BigBook: Seite 38)

S. 61 um Vergleichsgrößen zu Geldwerten aufzubauen, nutzen die Kinder bei der Plakatgestaltung Euro- oder auf Zehnerzahlen gerundete Cent-Beträge; sie stellen für vorgegebene Beträge verschiedene Repräsentanten vor

S. 63 Kinder stellen ihren gewählten Rechenweg bei der Ermittlung des Rückgelds vor; sie vergleichen und bewerten beide Vorgehensmöglichkeiten

S. 66 Kinder stellen ihr Vorgehen beim Finden aller Möglichkeiten vor; sie vergleichen und bewerten diese ebenso wie die unterschiedlichen Notationsformen

S. 68 Kinder beschreiben die Grundbegriffe der Wahrscheinlichkeit „sicher", „möglich" und „unmöglich" anhand von Beispielen mit eigenen Worten und grenzen sie gegeneinander ab

S. 70 Kinder beschreiben anhand durchgeführter Zufallsexperimenten die Begriffe „wahrscheinlich", „unwahrscheinlich", „unmöglich" und „sicher" mit eigenen Worten; sie erstellen aufgabenbezogen Ausgangssituationen zu antizipierten Handlungsergebnissen

Vorschläge für die Förderung von Medienkompetenz

S. 30 Kinder recherchieren im Internet Längenmaßeinheiten anderer Länder (z. B. Großbritannien und USA)

S. 32 Kinder gestalten ein Plakat zu verschiedenen Längenangaben (z. B. 1 cm, 10 cm, 50 cm, 1 m, 2 m), sie stellen je Repräsentanten zusammen

S. 40 Kinder erstellen erste einfache Rechentabellen am PC und füllen sie aus

S. 50/62/64 Kinder erstellen eine (digitale) Sammlung/ein Buch mit den von den Kindern selbst verfassten Rechengeschichten

S. 50 Kinder erstellen eine Merktafel mit Signalwörtern für die Rechenoperationen plus und minus, mal und geteilt

Synopse zu den Medienkompetenzbereichen

Suchen, Verarbeiten und Aufbewahren	S. 30, 49, 50, 53, 62, 64, 68
Produzieren und Präsentieren	S. 30, 32, 49, 50, 61, 62, 64
Problemlösen und Handeln	S. 8, 18, 26, 30, 40, 41